TAEKWONDO FUNCTIONAL ANATOMY
& POSTURAL CORRECTION

태권도
기능해부학 & 자세교정

저자 변성학

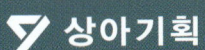

태권도 기능해부학 & 자세교정

| 저 자 | 변성학 |

초 판 발 행 | 2023년 03월 27일

발 행 인	문상필
표지디자인	이태진, 이승진
편집디자인	이상혁, 이태진
삽 화	이승진, 박가영

펴 낸 곳	상아기획
등 록 번 호	제318-1997-000041호
주 소	서울시 영등포구 경인로 82길 3-4 (문래동 1가 센터플러스 715호)
대 표 전 화	02-2164-2700
홈 페 이 지	www.tkdsanga.com
이 메 일	0221642700@daum.net

가격 28,000원

ISBN   979-11-86196-26-7   13690

ⓒ 저작권은 저자에게 있습니다. 저자와 합의해 인지는 생략합니다.
* 잘못 만들어진 책은 구입하신 서점에서 교환해 드립니다.
Printed in KOREA

태권도
기능해부학 &
자세교정

얼굴은 전방을 향하고, 똑바로 서서 양팔을 몸에 붙인다. 손바닥은 펴서 손바닥이 정면을 향하게끔 한다. 이 자세를 '해부학적 자세'라 말한다.
이 해부학적 자세는 인체의 부위와 구조를 정확하게 표시하고 통일되게 기술하기 위한 표준자세로 인체의 면과 축을 정의 하고 기술하는데 기준이 되며 또 관절의 운동측정을 위한 영점(zero position)으로 인정된다.

머리말

 어린 시절 남자아이라면 누구나 바라는 것이 강함, 힘이 셈, 즉 싸움 잘하는 것일 것이다. 어릴 적에 단순히 싸움을 잘 하고 싶어서 복싱도 해보고 쿵푸도 해보면서 태권도까지 배우게 되었다. 태권도를 오랜 시간 수련하면서, 계속 한 가지 의문이 내 머릿속을 맴돌았다. '대부분 운동을 하면 몸이 아프지 않고 건강해진다는데, 왜 내 몸은 여기저기 쑤시고 아플까?' 그래서 친구나 후배, 선배들에게 아프지 않은지 물어보면 역시 본인들도 아프단다. 허참… 운동을 하면 아프지 않고 건강해져야 하는데 모두 다 아프니~ 왜 그럴까? 이런 궁금증이 계속 들어 사범님께, 관장님께 여쭤봤더니. "야 이놈아 운동 열심히 하면 안 아프니까 운동이나 열심히 해"라는 핀잔만 되돌아 왔을 뿐, 운동의 강도가 세질수록 아픔이 계속 되었고 답답함은 커져만 갔다. 이런 궁금증을 나름대로 해결해 보기 위해 서점에 가서 책을 사서 읽어 보기도 했지만 도무지 무슨 소린지 이해할 수가 없어서 책을 읽다가 덮기를 수십 번하고 또 다른 책을 사서 읽어보아도 답을 찾을 수가 없었다. '내가 커서 어른이 되면 꼭 이것을 공부해봐야겠다.'는 다짐을 했다.
 군대를 갔다 오고 꿈에 그리던 태권도 체육관을 운영하게 되고, 어린 시절 궁금했던 공부를 하기 위해 스포츠 마사지, 카이로프랙틱, 침, 뜸, 부항, 테이핑, 수지침 등등… 많은 대체 의학들을 공부했다. 더 많은 공부를 위해 세 아이의 아버지로서 대학진학을 하고 석사, 박사까지 열심히 공부해서 이제는 운동을 하면 왜 아픈지 알게 됐다.
 무엇이든 알고 나면 그렇게 간단한 것을 알기 전까지는 왜 그리 어렵고 힘든지 돌아서서 생각해보면 참 재밌다. 내용인 즉 운동의 빈도와 강도가 아픔을 유발하는 원인이며 변수였다.
 오랜시간 고강도의 운동을 하게 되면 인체에 피로물질이 축적되어 통증을 일으키고 특히 편향된 자세로 오랜 기간 운동하면, 자세의 변형까지 일으켜 더 많은 통증을 유발하며, 이를 방치하게 되면 수술까지 해야 되는 심각한 상황까지 가게 된다. 이런 증상은 모든 운동 종목에서 일어나는 공통적인 현상이며, 그나마 태권도는 맨손 운동으로 좌·우를 골고루 사용하기 때문에 통증과 인체 변형을 적게 가져온다는 것을 알게 되었다.

태권도라는 세계인이 즐기는 무도 스포츠를 돈과 연계해서 설명하기 좀 뭐 하지만, 그래도 자본주의 사회니깐… 약 10여 년 전, 태권도장의 한 달 수련비는 차 태워오고, 운동시키고, 차 태워 집까지 안전하게 운행해 주고, 주 별, 월 별로 나가는 가정통신문과 토요 프로그램, 캠핑까지 진행하면서 월 10만원에서 왔다 갔다 하는데, 이를 월 20일 수련으로 계산해보면 하루 5000원, 이는 대형마트의 한 시간 놀이터 요금보다 훨씬 저렴하다. 그냥 놀이터도 아니고 온갖 인성교육에 세계인이 즐기는 무도 스포츠인 태권도 수련까지 다하는데… 이래서야 체면이 서질 않는다. 자세를 교정시켜주는 다른 종목의 운동비용을 보면, 근 골격계의 통증을 없애주는 운동이라는 특수성을 내세워, 1시간에 8~10만원, 즉 한 달에 12회로 환산해 보면 약 100만원 내외에서 왔다 갔다 한다.

　　"태권도로는 자세 교정이 안 되나? 근골격계 통증을 태권도를 통해서 사라지게 할 수는 없나?" 태권도를 통해 자세를 교정하고 근골격계 통증을 케어한다. 하하하

　　지금도 태권도의 가치는 엄청나다. 겨루기로 전 세계를 뒤흔들고 있으며 요즘, 품새 시범으로 새로운 열풍을 일으키고 있다. 여기에 건강까지 합쳐 자세 교정과 근골격계 통증까지 태권도로 해결한다면, 태권도는 남녀노소 누구나 즐길 수 있는 무도 스포츠로 완벽하게 업그레이드 될 것이다.

　　이런 생각을 실현시키기 위해 여러 훌륭하신 선생님, 교수님들을 찾아다니며 배움과 지속적인 연구를 통해 미약하지만, 태권도 기본동작을 적용한 자세교정 프로그램을 개발하였다.

　　마지막으로 나에게 꿈이 있다면, 나를 비롯한 더 많은 태권도인들이 태권도의 발전을 위해 다양한 태권도 분야를 더 많이 연구하고 개발하여, 태권도의 가치를 더 높여가기를 희망한다. 태권도 기본동작을 적용하여 개발한 본인의 자세교정 프로그램이 태권도인들에게 많은 도움이 되었으면 한다.

전 세계 210개국의 태권도인 파이팅!!

이 책의 사용설명서

　태권도 기능해부학 & 자세교정 이라는 제목의 책을 집필하면서 이 책이 태권도의 여러 동작들을 해부학적으로 분석하는데 기초로 활용되기를 바라며 태권도의 겨루기, 품새가 전 세계를 제패했듯이 건강(재활) 태권도로서 다시 한 번 태권도의 위상을 높였으면 하는 간절한 마음입니다. 이 책은 크게 기능해부학의 기초 part와 태권도 동작의 기능적 움직임을 분석한 part로 구성하였습니다. 먼저 기능해부학의 입문단계로 해부학적 자세와 해부학적 방향에 대한 용어 정리를 하였고, 기초적인 골격의 명칭과 축과 면에 대한 설명을 하였습니다. 이 축과 면 part에서는 어떤 축과 면에 의해 어떤 움직임이 일어나는지 숙지하시길 바랍니다. 예를들면 시상면과 관상축에 의한 움직임은 굽히고 펴는 운동이 발생되고 관상면과 시상축의 움직임은 벌리고 모으는 운동이 발생되며, 수평면과 수직축에 의한 움직임은 좌와 우로 돌리는 움직임이 발생되는 것을 여러 용어들로 이해하는 것입니다.

　다음 part에서는 축과 면에 의해 일어나는 움직임을 어떤 근육이 작용하여 가능하게 하는지를 서술하였으며, 이 part에서는 그 움직임을 가능하게 한 근육의 명칭들을 반드시 숙지하는 것이 중요합니다. 예를들면 '견갑골 거상은 시상축과 관상면에서 발생하는 움직임이며, 이 움직임을 가능하게 하는 근육은 승모근 상부와 견갑거근이다.' 이렇게 이해할 수 있다면 100점입니다.

　그리고 태권도 동작의 해부학적인 움직임에 대한 이해를 돕기 위해 상지의 움직임과 하지의 움직임으로 구분하여 설명하였습니다. 상지의 움직임에서는 견갑골, 상완과 주관절의 움직임에 대한 분석과 그에 대한 근육의 명칭들을 서술하였으며, 하지의 움직임에서는 고관절, 무릎과 발목의 움직임에 대해 분석하고 앞, 뒤 발로 나누어 신장성수축인지 단축성수축인지에 대해 서술하였습니다. 이 part에서는 태권도 동작 시 어떤 근육들이 사용되었는지 알 수 있게 표로 설명하였는데, 먼저 관절 부위 즉, 두경부, 견갑골, 상완골 등의 부위가 어떤 작용(움직임)을 하였는지 그 움직임을 가능하게 하는 근육들은 어떤 근육들인지를 표로 설명하였으며, 이 움직임과 근육들을 이해하는 것이 태권도 기능해부학의 길잡이가 될 것입니다.

 더 나아가 태권도 동작이 체형을 교정하거나 어떤 질병의 예방과 치료적인 효과에 대해서도 서술하였으며 체형교정과 질병에 대한 치유나 예방을 위해 태권도 동작을 수행 할 때 주의사항에 대해서도 언급하였습니다.
 <태권도 기능해부학 & 자세교정>이라는 이 책이 앞으로 태권도 발전에 작은 밀알의 서가 되기를 희망합니다.

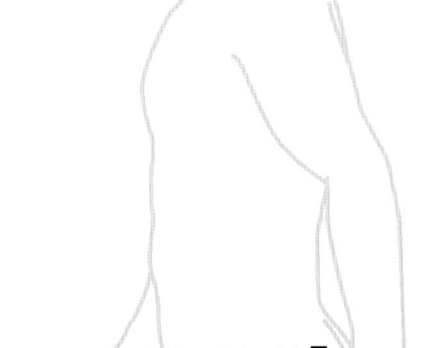

목차

머리말 4

I. 해부학 기초 15

01

1. 해부학적 자세 (Anatomical Position) 17

2. 해부학적 방향 (Anatomical Directions) 18

3. 골격 (Skeleton) 19

1) Skeleton 골격 19

4. 공간과 면, 축 (Space, Plane and Axis) 20

1) 면 (Plane) 20

2) 축 (Axis) 21

3) 면 (Plane)과 축 (Axis)에 의한 연결과 관절의 운동 22

5. 골격근의 움직임 (Movements of Skeletal Muscle) 27

1) 견갑골(어깨뼈)의 움직임 종류에 따른 근육의 명칭 27

2) 상완골(위팔뼈)의 움직임 종류에 따른 근육의 명칭 32

3) 팔꿉관절(주관절)의 움직임 종류에 따른 근육의 명칭 39

4) 엉덩관절(고관절)의 움직임 종류에 따른 근육의 명칭 42

5) 무릎관절(슬관절)의 움직임 종류에 따른 근육의 명칭 50

6) 발목관절(족관절)의 움직임 종류에 따른 근육의 명칭 54

6. 근수축의 종류 60

7. 열린사슬운동(OKC)과 닫힌사슬운동(CKC) 62

II. 태권도 동작과 자세 65

02

1. 바른 자세의 좋은 점 67
1) 바른 자세는 올바른 인격을 형성한다. 67
2) 바른 자세는 성장을 촉진시킨다. 68
3) 바른 자세는 학습능률을 향상시킨다. 68
4) 바른 자세는 질병을 예방하고 치유한다. 69
5) 바른 자세는 뇌와의 행복한 소통이다. 70
6) 운동은 약이냐? 독이냐? 70
7) 물은 100°C에서 끓는다. 71

2. 자세 평가 73
1) 이상적 자세 정렬(Good Posture) 73
2) 자세 이상의 유형 74

3. 척추의 만곡과 축성신전 75

4. 경추의 자세 이상 77

5. 어깨 높이의 변화 78

III. 경추와 상지의 해부학 79

03

1. 얼굴(올려)옆막기 81
1) 경추의 회전성변위 교정 84
2) 어깨 높이 교정 85
3) 굽은 등, 둥근 어깨 교정 86
4) 인체에 미치는 효과 87
5) 운동 방법 88

2. 산틀막기 89
1) 경추의 회전성변위 교정 92
2) 어깨 높이 교정 93
3) 굽은 등, 둥근 어깨 교정 93
4) 인체에 미치는 효과 94
5) 운동 방법 95

3. 팔굽옆치기 96
1) 경추의 회전성변위 교정 99
2) 어깨 높이 교정 100
3) 좌·우 같이 수련 시 굽은 등 교정 101
4) 인체에 미치는 효과 102
5) 운동 방법 103

4. 멍에치기 104
1) 경추의 회전성변위 교정 107
2) 굽은 등, 둥근 어깨 교정 108

3) 인체에 미치는 효과 109

　　4) 운동 방법 110

5. 아래(내려)옆막기 111

　　1) 경추의 회전성변위 교정 114

　　2) 어깨 높이 교정 115

　　3) 인체에 미치는 효과 116

　　4) 운동 방법 117

6. 아래(내려)헤쳐막기 118

　　1) 어깨 높이 교정 121

　　2) 인체에 미치는 효과 122

　　3) 운동 방법 123

7. 얼굴(올려)막기 124

　　1) 경추의 회전성변위 교정 127

　　2) 어깨 높이 교정 128

　　3) 인체에 미치는 효과 129

　　4) 운동 방법 130

8. 황소막기 131

　　1) 경추의 전방변위와 회전성변위 교정 134

　　2) 굽은 등 교정 효과 135

　　3) 인체에 미치는 효과 136

　　4) 운동 방법 137

9. 몸통안막기 138

　　1) 편평등 교정 140

　　2) 인체에 미치는 효과 141

3) 운동 방법 142

10. 두 메주먹 안치기 143

　　　1) 경추의 전방변위와 회전성변위 교정 146

　　　2) 편평등 교정 147

　　　3) 인체에 미치는 효과 148

　　　4) 운동 방법 149

11. 바탕손 아래(내려)안막기 150

　　　1) 경추의 측면회전성변위 교정 152

　　　2) 어깨 높이 교정 152

　　　3) 익상견갑 교정 효과 153

　　　4) 인체에 미치는 효과 153

　　　5) 운동 방법 154

12. 바탕손 아래(내려)안막기(양손) 155

　　　1) 경추의 전방변위 및 측면회전성변위 교정 157

　　　2) 어깨 높이 교정 157

　　　3) 인체에 미치는 효과 158

　　　4) 운동 방법 159

13. 견갑골과 경추의 자세변화 160

14. 견갑골 변위에 의한 경추의 변위 가능성 161

15. 견갑골과 경추의 복합변위 교정 운동법 163

IV. 골반과 하지 165

04

1. 골반의 구조와 하지 길이 차이 167
2. 앞서기 169
3. 앞굽이 174
4. 뒷굽이 179
5. 범서기 184
6. 꼬아서기 189
7. 주춤서기 194

<근육의 역할과 태권도 서기 동작 수련의 효과> 198

참고문헌 199

01

I. 해부학 기초

1 해부학적 자세
(Anatomical Position)

　얼굴은 전방을 향하고, 똑바로 서서 양팔을 몸에 붙인다. 손바닥은 펴서 손바닥이 정면을 향하게끔 한다. 이 자세를 '해부학적 자세'라 말한다.

　이 해부학적 자세는 인체의 부위와 구조를 정확하게 표시하고 통일되게 기술하기 위한 표준자세로 인체의 면과 축을 정의 하고 기술하는데 기준이 되며 또 관절의 운동측정을 위한 영점(zero position)으로 인정된다.

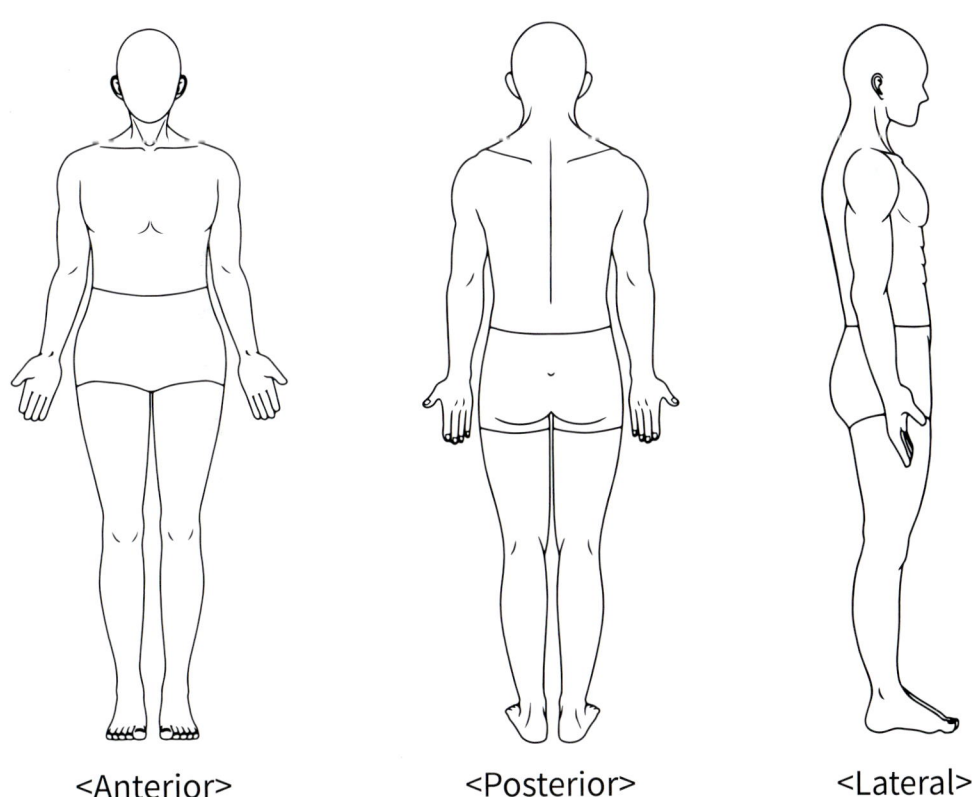

<Anterior>　　　<Posterior>　　　<Lateral>

2 해부학적 방향
(Anatomical Directions)

인체의 동작을 표현함에 있어서 특정한 방향에 대한 기준이 없다면 혼란이 발생하게 된다. 이것을 방지하기 위해 해부학에서 인체를 중심으로 하는 방향을 표현하는 용어들은 다음과 같이 정의된다.

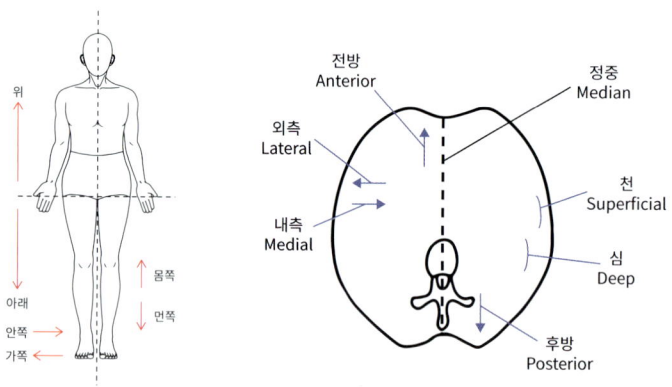

방향에 대한 용어

용어	정의	예
Anterior 앞/전	인체의 앞면에 더 가까운 쪽	가슴은 인체의 앞에 있다.
Posterior 뒤/후	인체의 뒷면에 더 가까운 쪽	엉덩이는 인체의 뒤에 있다.
Superior 위/상	머리에 더 가까운 쪽	눈썹은 눈 보다 위에 있다.
Inferior 아래/하	발에 더 가까운 쪽	입은 코 보다 아래에 있다.
Medial 안쪽/내측	인체의 중심선에 더 가까운 쪽	흉골은 어깨뼈 보다 내측에 있다.
Lateral 가쪽/외측	인체의 중심선에 더 먼 쪽	어깨는 복장뼈 외측에 있다.
Proximal 몸쪽/근위	몸통 부위에 더 가까운 쪽	손목은 손가락보다 몸 쪽에 있다.
Distal 먼쪽/원위	몸통 부위에서 더 먼 쪽	손가락은 손목보다 먼 쪽에 있다.
Superficial 표층, 얕은/천	인체의 표면에 더 가까운 쪽	피부는 골격근보다 표층(얕은곳)에 있다.
Deep 심층, 깊은/심	인체의 더 깊숙한 안 쪽	근육은 피부보다 심층(깊은곳)에 있다.

3 골격 (Skeleton)

1) Skeleton 골격

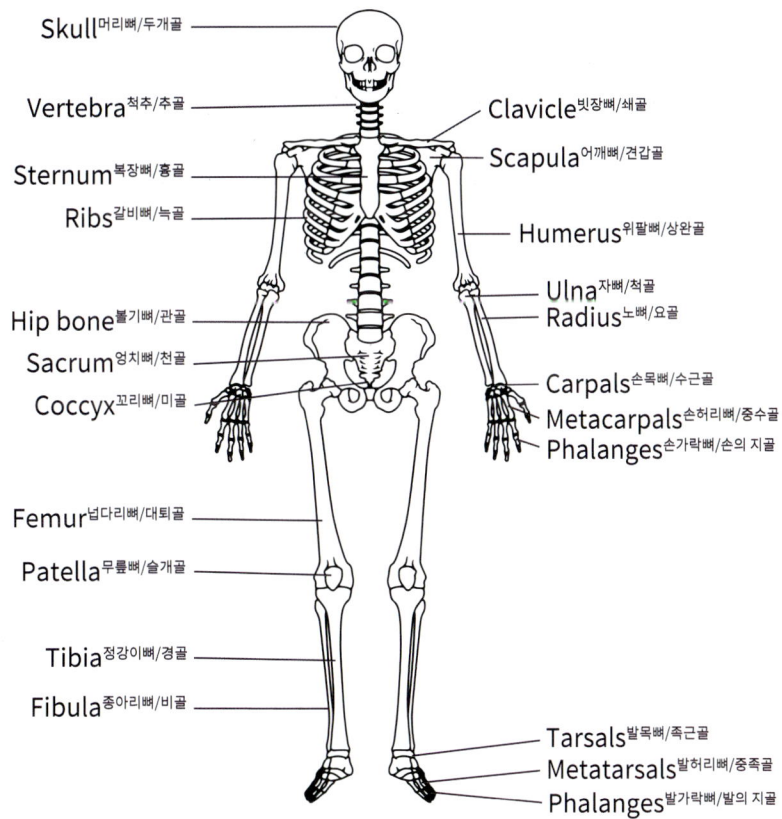

몸통/체간
Trunk

- Skull 머리뼈/두개골
- Vertebra 척추/추골
- Sternum 복장뼈/흉골
- Ribs 갈비뼈/늑골
- Hip bone 볼기뼈/관골
- Sacrum 엉치뼈/천골
- Coccyx 꼬리뼈/미골

상지
Upper Extremity

- Clavicle 빗장뼈/쇄골
- Scapula 어깨뼈/견갑골
- Humerus 위팔뼈/상완골
- Ulna 자뼈/척골
- Radius 노뼈/요골
- Carpals 손목뼈/수근골
- Metacarpals 손허리뼈/중수골
- Phalanges 손가락뼈/손의 지골

하지
Lower Extremity

- Femur 넙다리뼈/대퇴골
- Patella 무릎뼈/슬개골
- Tibia 정강이뼈/경골
- Fibula 종아리뼈/비골
- Tarsals 발목뼈/족근골
- Metatarsals 발허리뼈/중족골
- Phalanges 발가락뼈/발의 지골

4 공간과 면, 축
(Space, Plane and Axis)

1) 면(Plane)

면이란, 공간차원에서 도출되는 개념으로 세가지 기본면이 존재하며, 각 면은 서로에 대해 직각을 이룬다.

세 가지 기본면
1. 시상면(saggital plane), 정중면(median plane), 앞·뒷면
2. 관상면(coronal plane), 전액면(frontal plane), 좌·우면
3. 수평면(horizontal plane), 횡단면(transverse plane), 위·아래면

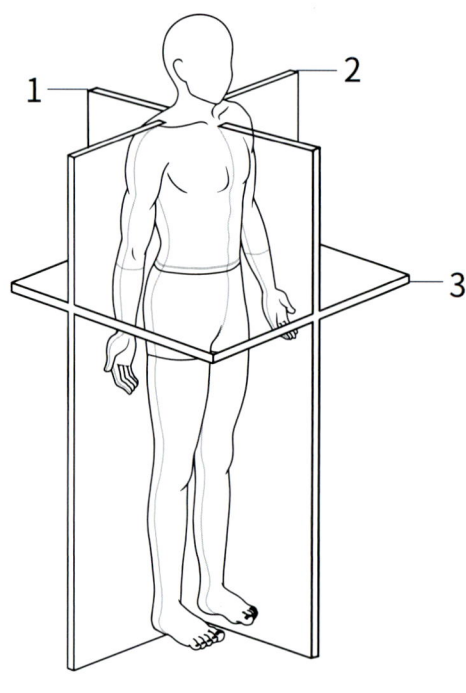

<3개의 면>

2) 축(Axis)

축이란, 운동이 일어나는 중심점, 실제 또는 가상의 선을 말한다. 축이란 회전운동의 중심점 또는 중심선을 말한다.

세 가지 기본축
1. 시상축(saggital axis), 앞·뒤축
2. 관상축(coronal axis), 횡단축(transverse axis), 좌·우축
3. 수직축(vertical axis), 종축(longitudinal axis), 위·아래축

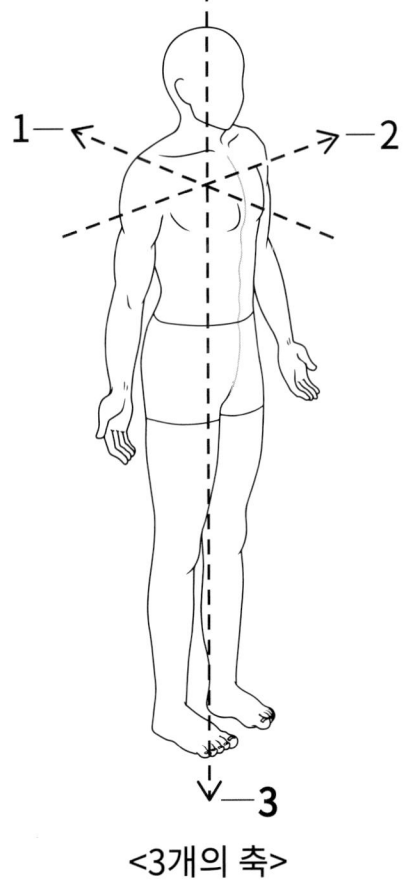

<3개의 축>

3) 면(Plane)과 축(Axis)에 의한 연결과 관절의 운동

인체에는 3개의 면과 축이 존재한다. 축과 면에 대한 이해가 선행되어야하는 이유는, 이 축과 면에 의해 관절의 운동이 일어나기 때문이다. 축은 면에 직각으로 통과하기 때문에 시상면에는 관상축이, 관상면에는 시상축이, 수평면에는 수직축이 통과하여 축을 중심으로 면에 직각적인 운동이 일어난다.

시상면 - 관상축에 의해 굽힘과 폄 운동이 일어나고 관상면 - 시상축에 의해 벌림과 모음 운동이, 수평면 - 수직축에 의해 왼쪽돌림과 오른쪽돌림 운동이 일어난다. 관절의 움직임을 간단히 굽힘과 폄 또는 벌림과 모음 그리고 안쪽과 바깥쪽 돌림의 세가지로 분류할 수 있다. 이 세가지 움직임이 사람의 주요 움직임이다.

사람의 움직임이 많아 보이는 것은 인체에 여러 관절이 존재하고, 또 각 관절마다 생긴 구조가 다르기 때문에 그 부위마다 명칭을 달리 사용했을 뿐, 움직임의 기본원칙은 굽힘과 폄, 벌림과 모음, 안쪽과 바깥쪽 돌림, 이 세가지의 움직임에서 벗어나지 않는다.

자 그렇다면 면과 축에 의해 일어나는 인체 전체의 움직임을 파악해 보자.

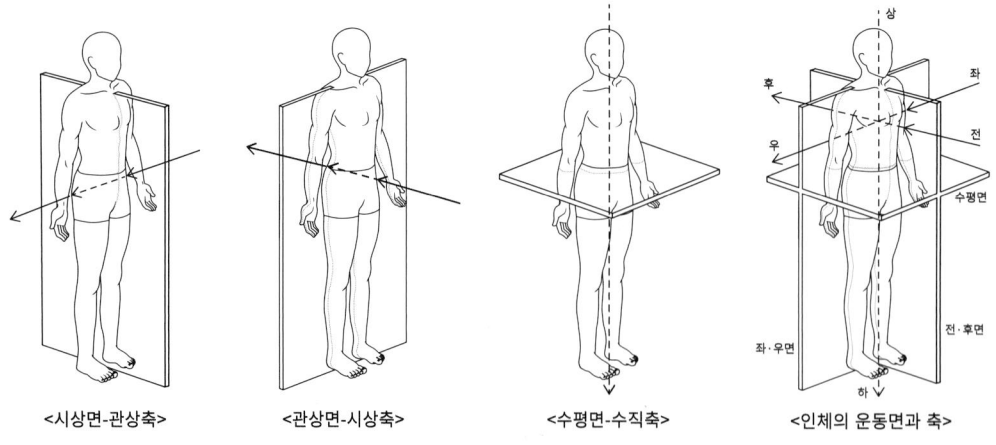

<시상면-관상축>　　<관상면-시상축>　　<수평면-수직축>　　<인체의 운동면과 축>

① 관상축(Coronal Axis)을 중심으로 시상면(Sagittal Plane)에서의 운동

관절의 운동은 축을 중심으로 면에 직각으로 움직인다. 관상축에 의한 시상면 운동은 관상축을 중심으로 시상면에 직각으로 움직이는 운동으로 대표적인 관절운동에는 굽힘(Flexion)과 폄(Extension) 및 과다폄(Hyperexfension)이 있고 발등굽힘(Dorsi-flexion), 발바닥굽힘(Plantar-flexion)도 여기에 속한다.

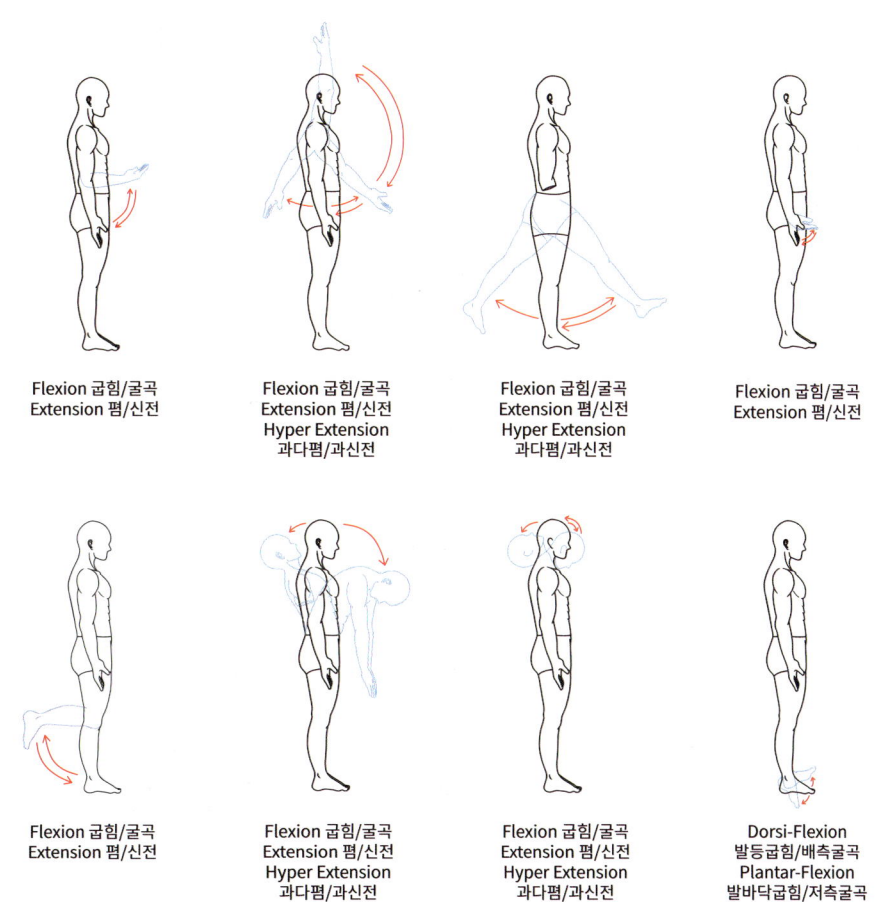

Flexion 굽힘/굴곡	관절을 형성하는 두 분절 사이의 각이 감소하는 굽힘 운동
Extension 폄/신전	굴곡의 반대운동으로 두 분절 사이의 각이 증가하는 운동
Hyperextension 과다폄/과신전	과도하게 펴지는 동작
Dorsi-flexion 발등굽힘/배측굴곡	발목관절 주위에서 발등이 하퇴에 가까워지는 동작
Plantar-flexion 발바닥굽힘/저측굴곡	발바닥이 하퇴로부터 멀어지는 동작

② 시상축(Sagittal Axis)을 중심으로 관상면(Coronal Plane)에서의 운동

시상축에 의한 관상면 운동은 시상축을 중심으로 관상면에 직각으로 움직이는 운동으로 대표적인 관절운동에는 모음(Adduction)과 벌림(Abduction),이 있고 안쪽번짐(Inversion), 가쪽번짐(Eversion), 자뼈쪽 편위(Ulnar Deviation), 노뼈쪽 편위(Radial Deviation), 가쪽굽힘(Lateral Flexion), 안쪽굽힘(Medial Flexion) 등도 여기에 속한다.

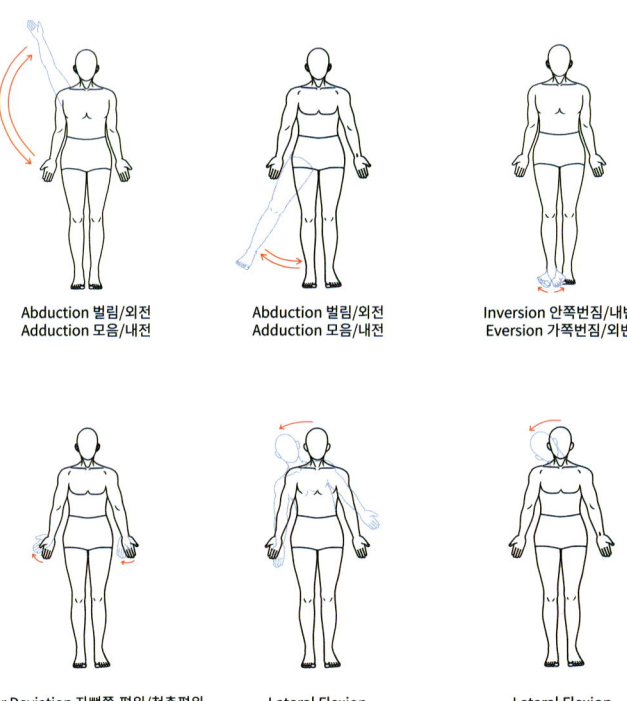

Abduction 벌림/외전	중심선으로부터 인체분절이 멀어지는 동작
Adduction 모음/내전	인체분절이 중심선에 가까워지는 동작
Inversion 안쪽번짐/내번	발의 장축을 축으로 하여 발바닥을 내측으로 돌리는 동작
Eversion 가쪽번짐/외번	발의 장축을 축으로 하여 발바닥을 외측으로 돌리는 동작
Ulnar Deviation 자뼈쪽 편위/척측편위	해부학적 자세에서 손을 새끼손가락 쪽으로 굽히는 운동
Radial Deviation 노뼈쪽 편위/요측변위	해부학적 자세에서 손을 엄지손가락 쪽으로 굽히는 운동
Lateral Flexion 가쪽굽힘/외측굴곡	척추가 좌우면상에서 측면으로 굽히는 동작

③ 수직축(Vertical Axis)을 중심으로 수평면(Horizontal Plane)에서의 운동

수직축에 의한 수평면 운동은 수직축을 중심으로 수평면이 직각으로 움직이는 운동으로 대표적인 관절운동에는 안쪽돌림(Internal Rotation), 가쪽돌림(External Rotation)이 있고, 아래팔뚝의 엎침(Pronation), 뒤침(Supination), 수평모음(Horizontal Adduction), 수평벌림(Horizontal Abduction)등이 있다.

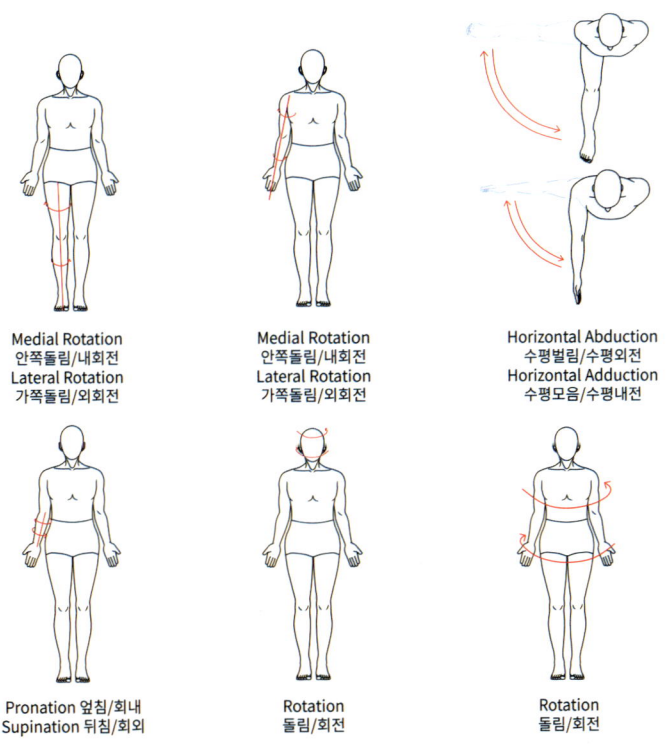

Rotation 돌림/회전	인체분절의 장축을 중심으로 분절내의 모든 점이 동일한 각거리로 이동하는 운동
Medial Rotation 안쪽돌림&내선/내회전	몸의 중심선으로의 회전
Lateral Rotation 가쪽돌림&외선/외회전	몸의 중심선으로부터 바깥쪽으로 하는 회전
Horizontal Abduction 수평벌림/수평외전	좌·우면이 아닌 수평면에서 이루어지는 외전
Horizontal Adduction 수평모음/수평내전	좌·우면이 아닌 수평면에서 이루어지는 내전
Pronation 엎침/회내	전완이 내측 회전하는(손등을 전방으로 돌리는)동작
Supination 뒤침/회외	전완이 외측 회전하는(손바닥을 바깥으로 향하는) 동작

④ 견갑골의 움직임(Movements of The Scapula)

견갑골의 움직임은 다른 부위와 차이점이 있지만 관상면에서의 움직임은 올림(Elevation), 내림(Depression)과 위쪽돌림(Upward Rotation), 아래쪽돌림(Downward Rotation)이 있고, 시상면에서의 움직임은 내밈(Protraction)과 들임(Retraction)이 있다.

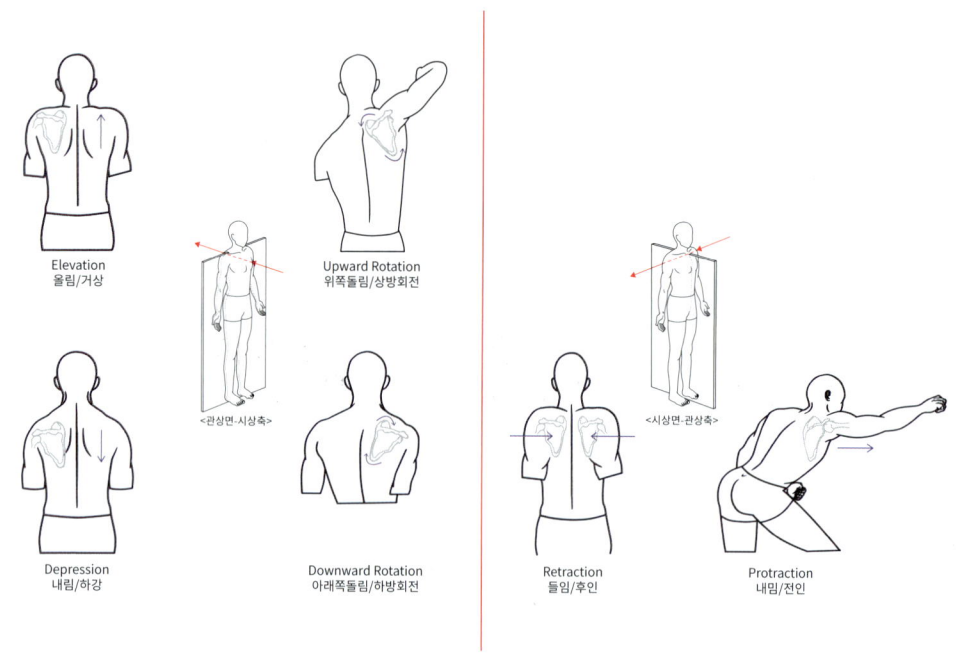

견갑골의 움직임 (Shoulder Gridle 어깨뼈/견갑대)

Protraction 내밈/전인	견갑골이 인체의 중심선(극돌기)으로부터 멀어지는 동작
Retraction 들임/후인	견갑골이 인체의 중심선(극돌기)으로 다가가는 동작
Elevation 올림/거상	견갑골 상각과 견봉이 수평하게 위쪽으로 올라가는 동작
Depression 내림/하강	견갑골 상각과 견봉이 수평하게 아래쪽으로 내려가는 동작
Upward Rotation 위쪽돌림/상방회전	견갑골의 하각이 인체의 중심선으로부터 멀어지는 동작
Downward Rotation 아래쪽돌림/하방회전	견갑골의 하각이 인체의 중심선으로 가까워지는 동작

5 골격근의 움직임
(Movements of Skeletal Muscle)

Movements of The Scapula (Shoulder Girdle) 견갑골의 움직임

1) 견갑골(어깨뼈)의 움직임 종류에 따른 근육의 명칭

- **Elevation 올림(거상)**

    Upper Trapezius - 위쪽 등세모근(상부 승모근)

    Levator Scapula - 어깨올림근(견갑거근)

- **Depression 내림(하강)**

    Pectoralis Minor - 작은가슴근(소흉근)

    Serratus Anterior - 앞톱니근(전거근)

    Lower Trapezius - 아래쪽 등세모근(하부 승모근)

- **Protraction 내밈(전인)**

    Pectoralis Minor - 작은가슴근(소흉근)

    Serratus Anterior - 앞톱니근(전거근)

- **Retraction 들임(후인)**

    Middle Trapezius - 가운데 등세모근(중부 승모근)

    Rhomboids - 마름근(능형근)

- **Upward Rotation 위쪽돌림(상방회전)**

  Upper, Lower Trapezius - 위, 아래 등세모근(상, 하부 승모근)

  Serratus Anterior - 앞톱니근(전거근)

- **Downward Rotation 아래쪽돌림(하방회전)**

  Rhomboids - 마름근(능형근)

  Levator Scapula - 어깨올림근(견갑거근)

  Pectoralis Minor - 작은가슴근(소흉근)

Elevators of The Scapula 어깨뼈 올림근/견갑골 거상근

1. Upper Trapezius 위쪽 등세모근/상부 승모근
2. Levator Scapula 어깨올림근/견갑거근

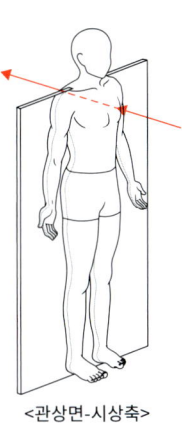
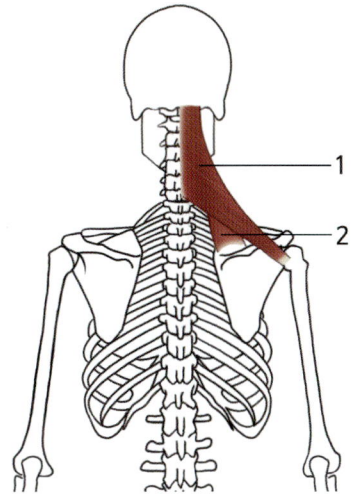

<관상면-시상축>

Depressors of The Scapula 어깨뼈 내림근/견갑골 하강근

1. Pectoralis Minor 작은가슴근/소흉근
2. Lower Trapezius 아래쪽 등세모근/하부 승모근

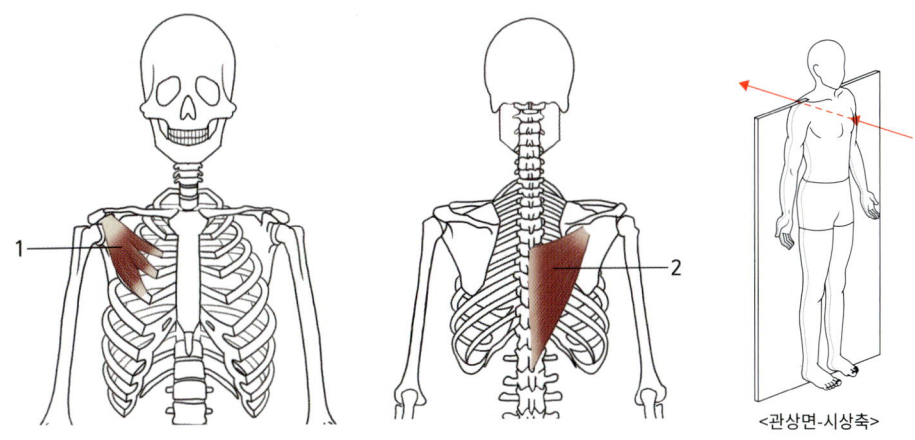

<관상면-시상축>

Protractors of The Scapula 어깨뼈 내밈근/견갑골 전인근

1. Pectoralis Minor 작은가슴근/소흉근
2. Serratus Anterior 앞톱니근/전거근

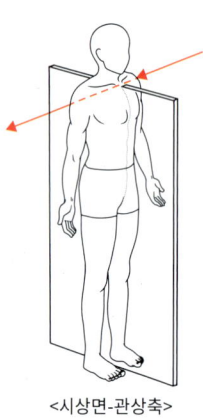
<시상면-관상축>

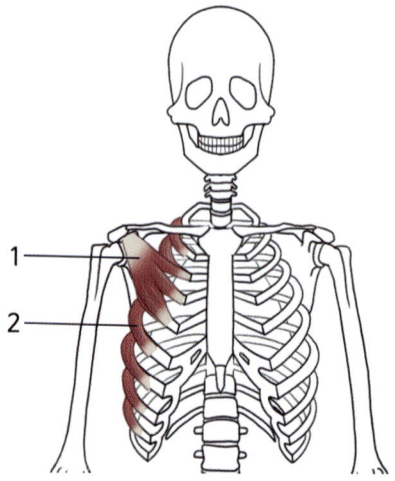

Retractors of The Scapula 어깨뼈 들임근/견갑골 후인근

1. Middle Trapezius 가운데 등세모근/중부 승모근
2. Rhomboids 마름근/능형근

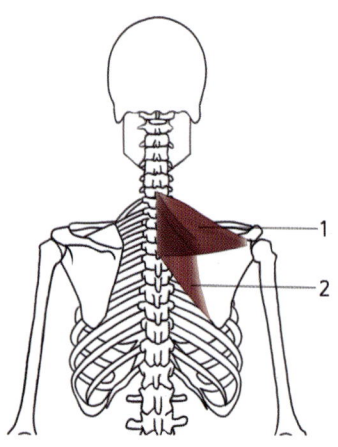

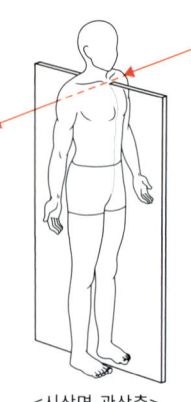
<시상면-관상축>

Upward Rotators of The Scapula 어깨뼈 위쪽 돌림근/견갑골 상방회전

1. Upper Trapezius 위쪽 등세모근/상부 승모근
2. Lower Trapezius 아래쪽 등세모근/하부 승모근
3. Serratus Anterior 앞톱니근/전거근

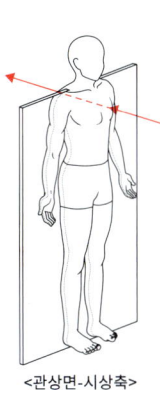
<관상면-시상축>

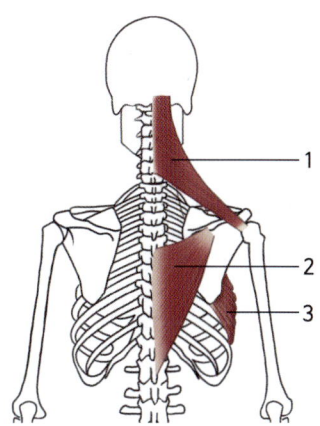

Downward Rotators of The Scapula 어깨뼈 아래쪽 돌림근/견갑골 하방회전

1. Levator Scapula 어깨올림근/견갑거근
2. Rhomboids 마름근/능형근
3. Pectoralis Minor 작은가슴근/소흉근

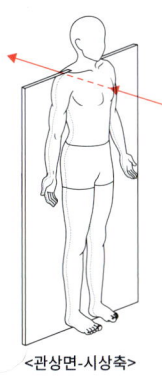
<관상면-시상축>

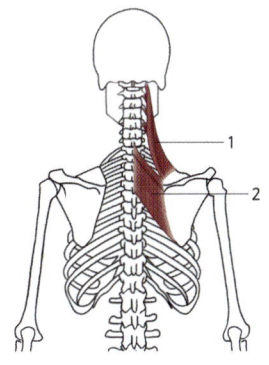

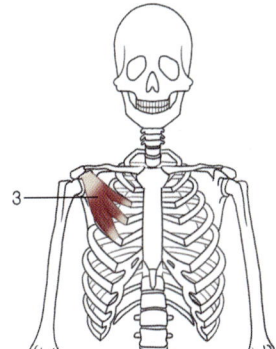

Movements of The Humerus(Shoulder Girdle)
상완골의 움직임(어깨 부위의 위팔 부분)

2) 상완골(위팔뼈)의 움직임 종류에 따른 근육의 명칭

- **Flexion 굽힘(굴곡)**

    Anterior Deltoid - 앞쪽 어깨세모근(전부 삼각근)

    Pectoralis Major - 큰가슴근(대흉근)

    Coracobrachialis - 부리위팔근(오훼완근)

    Biceps Brachii(Short head) - 위팔두갈래근 짧은머리(상완이두근 단두)

- **Extension 폄(신전)**

    Latissimus Dorsi - 넓은등근(광배근)

    Teres Major - 큰원근(대원근)

    Posterior Deltoid - 뒤쪽 어깨세모근(후부 삼각근)

    Infraspinatus - 가시아래근(극하근)

    Teres Minor - 작은원근(소원근)

    Triceps Brachii(Long head) - 위팔세갈래근 긴머리(상완삼두근 장두)

    Pectoralis Major - 큰가슴근(대흉근)

- **Abduction 벌림(외전)**

    Supraspinatus - 가시위근(극상근)

    Middle Deltoid - 가운데 어깨세모근(중부 삼각근)

- **Adduction 모음(내전)**

    Pectoralis Major - 큰가슴근(대흉근)

    Latissimus Dorsi - 넓은등근(광배근)

    Coracobrachialis - 부리위팔근(오훼완근)

    Teres Major - 큰원근(대원근)

- **Internal Rotation 안쪽돌림(내회전)**

    Anterior Deltoid - 앞쪽 어깨세모근(전부 삼각근)

    Pectoralis Major - 큰가슴근(대흉근)

    Subscapularis - 어깨밑근(견갑하근)

    Teres Major - 큰원근(대원근)

    Latissimus Dorsi - 넓은등근(광배근)

- **External Rotation 가쪽돌림(외회선)**

    Posterior Deltoid - 뒤쪽 어깨세모근(후부 삼각근)

    Infraspinatus - 가시아래근(극하근)

    Teres Minor - 작은원근(소원근)

- **Horizontal Adduction 수평모음(수평내전)**

    Anterior Deltoid - 앞쪽 어깨세모근(전부 삼각근)

    Pectoralis Major - 큰가슴근(대흉근)

- **Horizontal Abduction 수평벌림(수평외전)**

    Posterior Deltoid - 뒤쪽 어깨세모근(후부 삼각근) + Retraction Muscle

Flexors of The Humerus 위팔뼈 굽힘근/견관절 굴곡근

1. Anterior Deltoid 앞쪽 어깨세모근/전부 삼각근
2. Pectoralis Major - Clavicular Head 큰가슴근/대흉근 - 빗장뼈머리/쇄골두
3. Coracobrachialis 부리위팔근/오훼완근
4. Biceps Brachii - Short Head 위팔두갈래근/상완이두근 - 짧은머리/단두

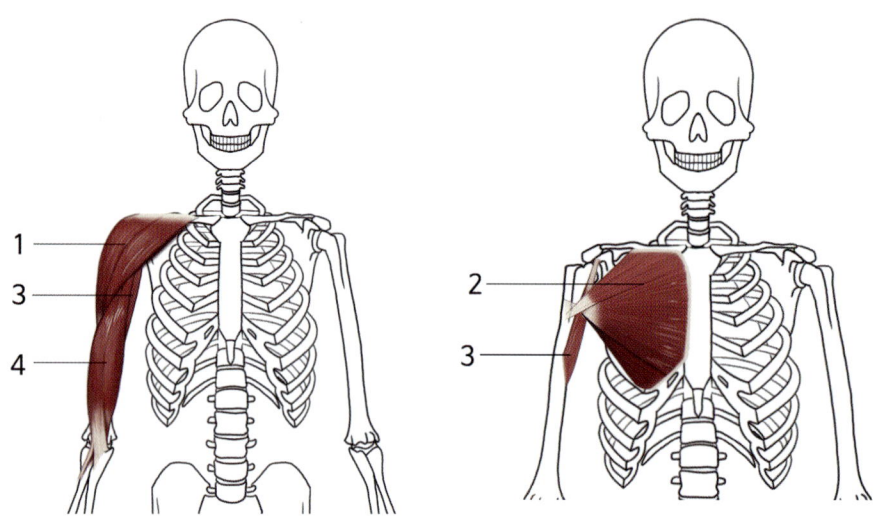

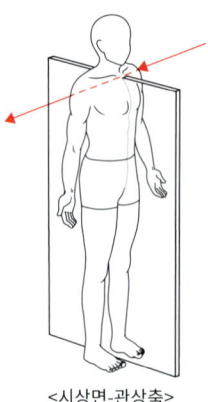

<시상면-관상축>

Extensors of The Humerus 위팔뼈 폄근/견관절 신전근

1. Latissimus Dorsi 넓은등근/광배근
2. Teres Major 큰원근/대원근
3. Posterior Deltoid 뒤쪽 어깨세모근/후부 삼각근
4. Infraspinatus 가시아래근/극하근
5. Teres Minor 작은원근/소원근
6. Triceps Brachii - Long Head
   위팔세갈래근/상완삼두근 – 긴머리/장두
7. Pectoralis Major (Sternal Head)
   큰가슴근/대흉근(복장머리)

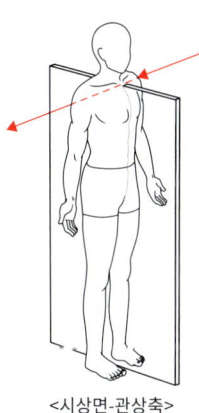

<시상면-관상축>

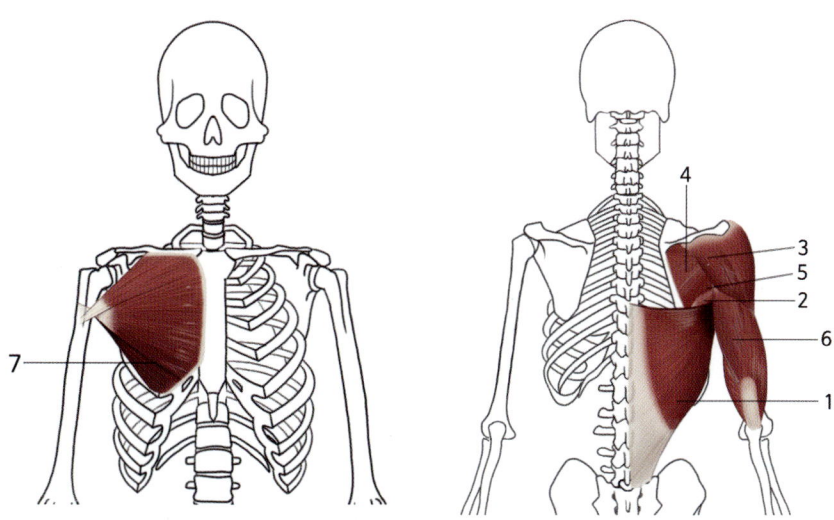

Medial(Internal) Rotators of The Humerus 위팔뼈 안쪽 돌림근/견관절 내회전근

1. Anterior Deltoid 앞쪽 어깨세모근/전부 삼각근
2. Pectoralis Major 큰가슴근/대흉근
3. Subscapularis 어깨밑근/견갑하근
4. Teres Major 큰원근/대원근
5. Latissimus Dorsi 넓은등근/광배근

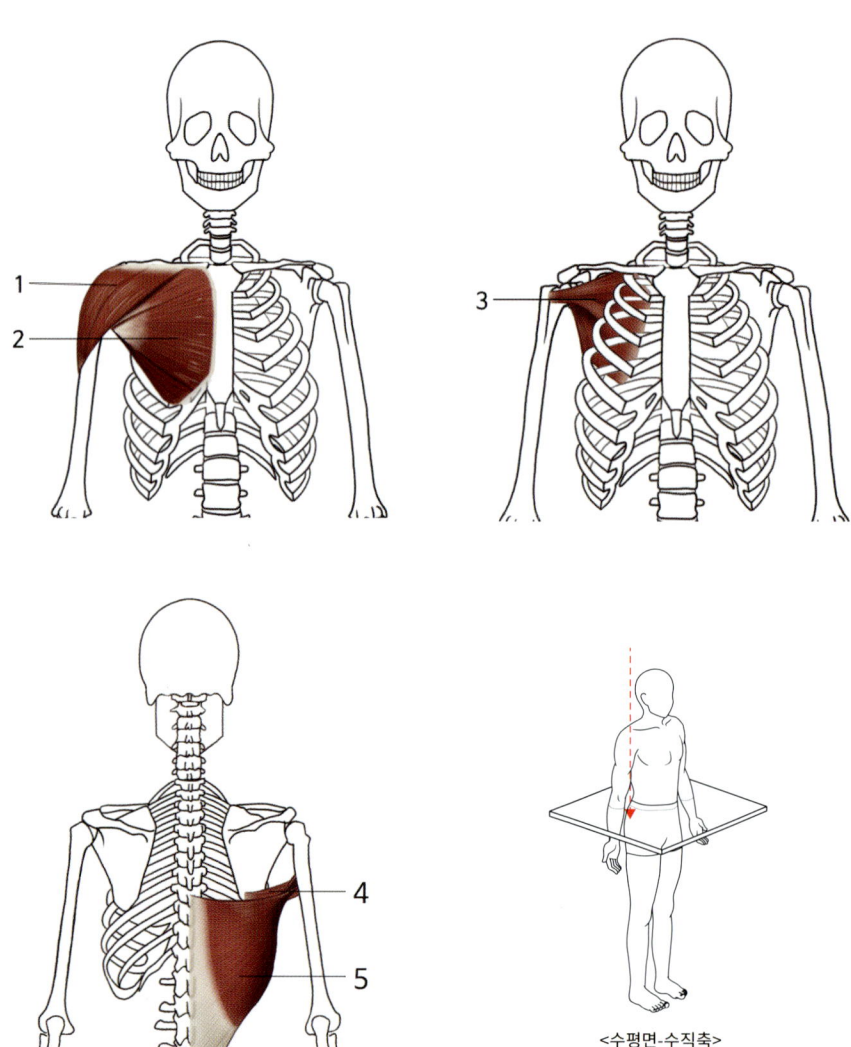

<수평면-수직축>

Lateral(External) Rotators of The Humerus 위팔뼈 가쪽 돌림근/견관절의 외회전근

1. Infraspinatus 가시아래근/극하근
2. Teres Minor 작은원근/소원근
3. Posterior Deltoid 뒤쪽 어깨세모근/후부 삼각근

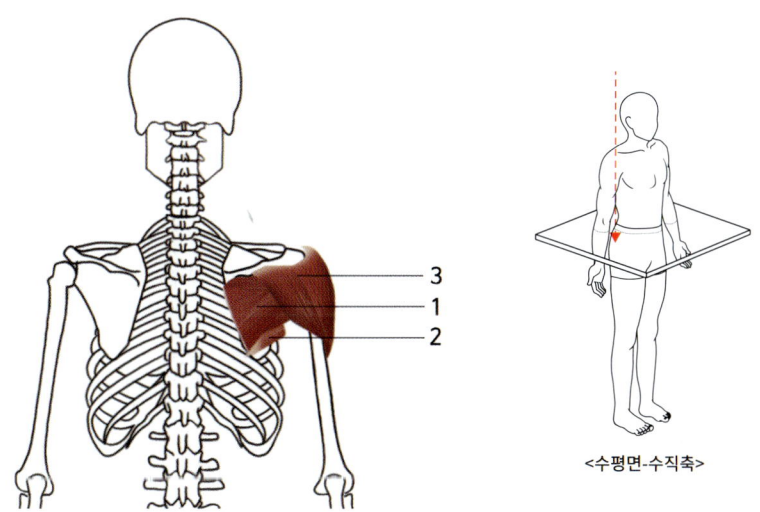

<수평면-수직축>

Horizontal Adductors of The Humerus 위팔뼈 수평모음근/견관절 수평내전근

1. Anterior Deltoid 앞쪽 어깨세모근/전부 삼각근
2. Pectoralis Major 큰가슴근/대흉근

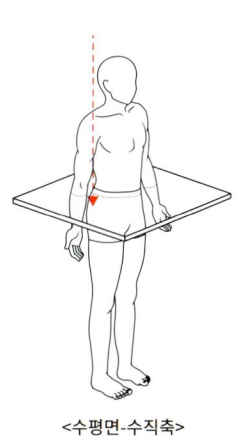

<수평면-수직축>

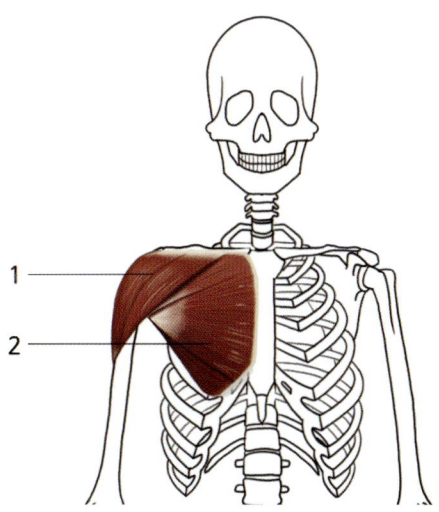

Horizontal Abductors of The Humerus 위팔뼈 수평벌림근/견관절 수평외전근

1. Posterior Deltoid 뒤쪽 어깨세모근/후부 삼각근

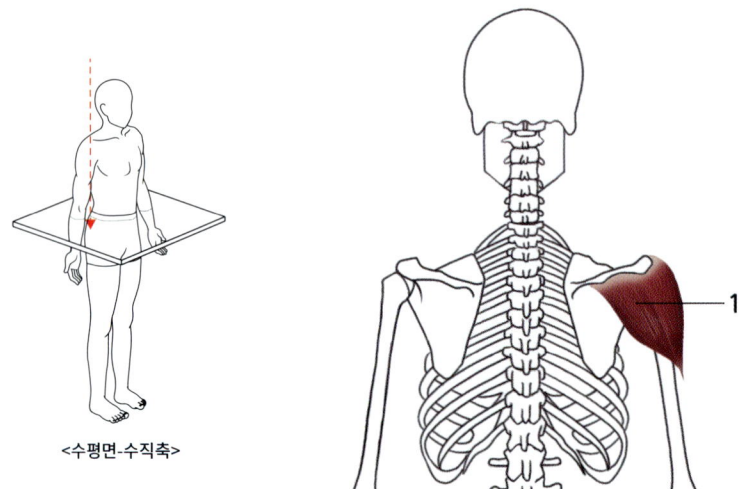

Movements of The Elbow 팔꿈치의 움직임

3) 팔꿉관절(주관절)의 움직임 종류에 따른 근육의 명칭

- **Flexion 굽힘(굴곡):**

  Biceps Brachii - 위팔래두갈래근(상완이두근)

  Brachioradialis - 위팔노근(상완요골근)

  Brachialis - 위팔근(상완근)

  Pronator Teres - 원엎침근(원회내근)

- **Extension 폄(신전):**

  Triceps Brachii - 위팔세갈래근(상완삼두근)

  Anconeus - 팔꿈치근(주근)

- **Pronation 엎침(회내):**

  Pronator Teres - 원엎침근(원회내근)

  Pronator Quadratus - 네모엎침근(방형회내근)

- **Supination 뒤침(회외):**

  Biceps Brachii - 위팔두갈래근(상완이두근)

  Supinator - 뒤침근(회외근)

Flexors of The Elbow 팔꿈치 굽힘근/주관절 굴곡근

1. Biceps Brachii 위팔래두갈래근/상완이두근
2. Brachialis 위팔근/상완근
3. Brachioradialis 위팔노근/상완요골근
4. Pronator Teres 원엎침근/원회내근

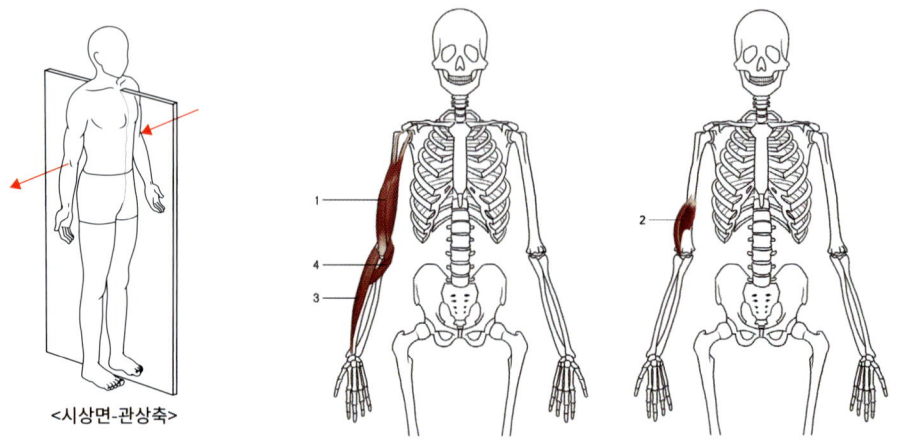

<시상면-관상축>

Extensors of The Elbow 팔꿈치 폄근/주관절 신전근

1. Triceps Brachii 위팔세갈래근/상완삼두근
2. Anconeus 팔꿈치근/주근

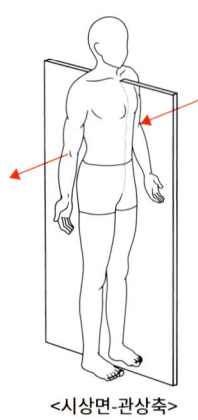

<시상면-관상축>

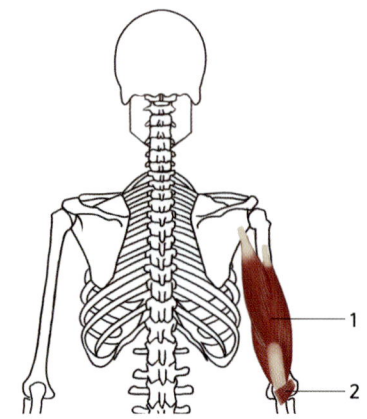

Supinators of The Forearm 아래팔 뒤침근/전완 회외근

1. Biceps Brachii 위팔두갈래근/상완이두근
2. Supinator 뒤침근/회외근

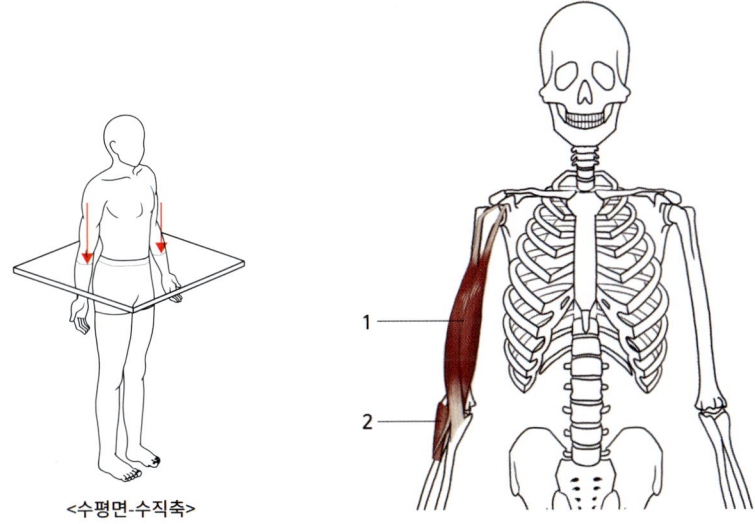

<수평면-수직축>

Pronators of The Forearm 아래팔 엎침근/전완 회내근

1. Pronator Teres 원엎침근/원회내근
2. Pronator Quadratus 네모엎침근/방형회내근

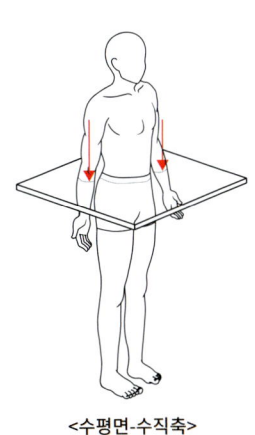

<수평면-수직축>

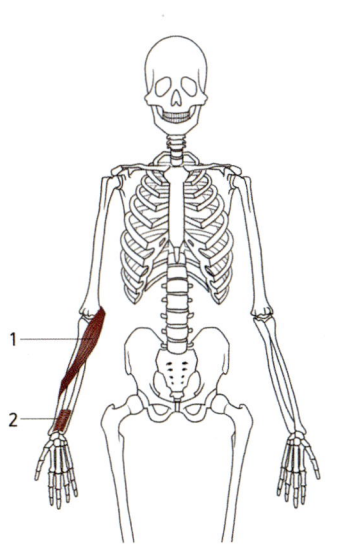

Movements of The Hip 엉덩관절(고관절)의 움직임

4) 엉덩관절(고관절)의 움직임 종류에 따른 근육의 명칭

- **Flexion 굽힘(굴곡)**

Iliopsoas - 엉덩허리근(장요근)

Pectineus - 두덩근(치골근)

Tensor Fascia Latae - 넙다리근막긴장근(대퇴근막장근)

Adductor Brevis - 짧은모음근(단내전근)

Adductor Longus - 긴모음근(장내전근)

Adductor Magnus - 큰모음근(대내전근)

Rectus Femoris - 넙다리곧은근(대퇴직근)

Sartorius - 넙다리빗근(봉공근)

- **Extension 폄(신전)**

Gluteus Maximus - 큰볼기근(대둔근)

Biceps Femoris - 넙다리두갈래근(대퇴이두근)

Semitendinosus - 반힘줄모양근(반건양근)

Adductor Magnus - 큰모음근(대내전근)

Semimembranosus - 반막모양근(반막양근)

- **Adduction 모음(내전)**

Adductor Magnus - 큰모음근(대내전근)

Adductor Longus - 긴모음근(장내전근)

Adductor Brevis - 짧은모음근(단내전근)

Gracilis - 두덩정강근(박근)

Pectineus - 두덩근(치골근)

● **Abduction 벌림(외전)**

Gluteus Medius - 중간볼기근(중둔근)

Gluteus Minimus - 작은볼기근(소둔근)

Tensor Fascia Latae - 넙다리근막긴장근(대퇴근막장근)

Sartorius - 넙다리빗근(봉공근)

Iliopsoas - 엉덩허리근(장요근)

● **External Rotation 가쪽돌림(외회전)**

Piriformis - 엉덩구멍근(이상근)

Gemellus Superior - 위쌍둥이근(상쌍자근)

Obturator Internus - 속폐쇄근(내폐쇄근)

Gemellus Inferior - 아래쌍둥이근(하쌍자근)

Obturator Externus - 바깥폐쇄근(외폐쇄근)

Quadratus Femoris - 넙다리네모근(대퇴방형근)

Gluteus Maximus - 큰볼기근(대둔근)

Iliopsoas - 엉덩허리근(장요근)

● **Internal Rotation 안쪽돌림(내회전)**

Gluteus Medius - 중간볼기근(중둔근)

Gluteus Minimus - 작은볼기근(소둔근)

Tensor Fascia Latae - 넙다리근막긴장근(대퇴근막장근)

Pectineus - 두덩근(치골근)

Adductor Longus - 긴모음근(장내전근)

Adductor Brevis - 짧은모음근(단내전근)

Adductor Magnus - 큰모음근(대내전근)

Flexors of The Hip 엉덩관절 굽힘근/고관절 굴곡근

1. Iliopsoas 엉덩허리근/장요근
2. Pectineus 두덩근/치골근
3. Tensor Fascia Latae 넙다리근막긴장근/대퇴근막장근
4. Adductor Brevis 짧은모음근/단내전근
5. Adductor Longus 긴모음근/장내전근
6. Adductor Magnus 큰모음근/대내전근
7. Rectus Femoris 넙다리곧은근/대퇴직근
8. Sartorius 넙다리빗근/봉공근

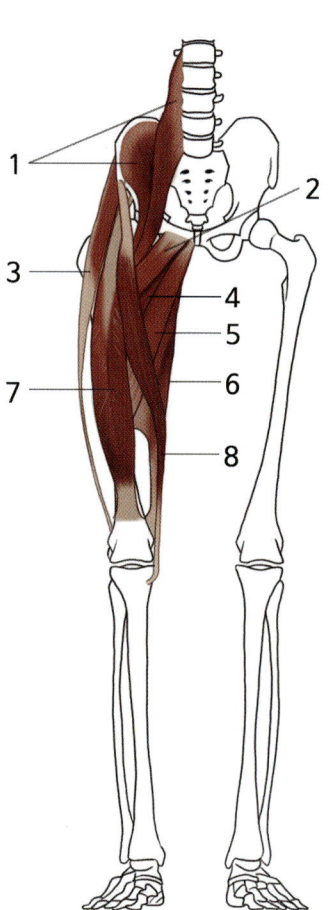

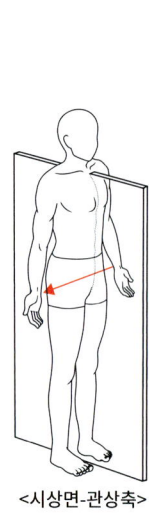

<시상면-관상축>

Extensors of The Hip 엉덩관절 폄근/고관절 신전근

1. Gluteus Maximus 큰볼기근/대둔근
2. Biceps Femoris 넙다리두갈래근/대퇴이두근
3. Semitendinosus 반힘줄모양근/반건양근
4. Semimembranosus 반막모양근/반막양근
5. Adductor Magnus 큰모음근/대내전근

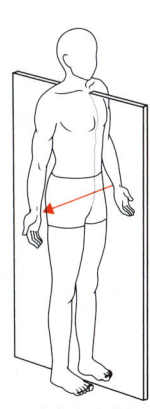

<시상면-관상축>

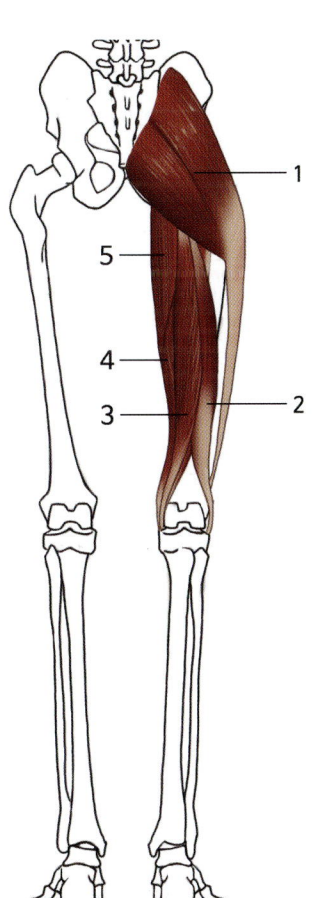

Abductors of The Hip 엉덩관절 벌림근/고관절 외전근

1. Gluteus Medius 중간볼기근/중둔근
2. Gluteus Minimus 작은볼기근/소둔근
3. Iliopsoas 엉덩허리근/장요근
4. Tensor Fascia Latae 넙다리근막긴장근/대퇴근막장근
5. Sartorius 넙다리빗근/봉공근

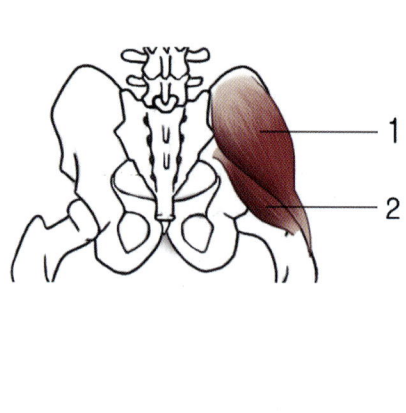

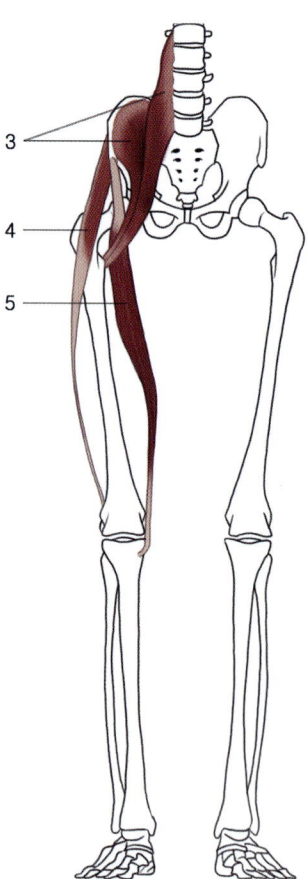

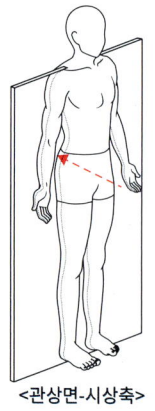

〈관상면-시상축〉

Adductors of The Hip 엉덩관절 모음근/고관절 내전근

1. Adductor Brevis 짧은모음근/단내전근
2. Adductor Longus 긴모음근/장내전근
3. Adductor Magnus 큰모음근/대내전근
4. Gracilis 두덩정강근/박근
5. Pectineus 두덩근/치골근

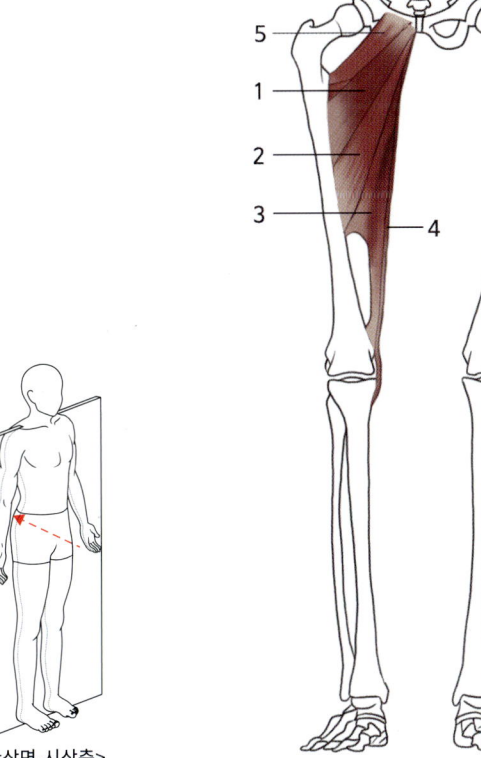

<관상면-시상축>

Lateral(External)Rotators of The Hip 엉덩관절 가쪽돌림근/고관절 외회전근

1. Piriformis 엉덩구멍근/이상근
2. Gemellus Superior 위쌍둥이근/상쌍자근
3. Obturator Internus 속폐쇄근/내폐쇄근
4. Gemellus Inferior 아래쌍둥이근/하쌍자근
5. Obturator Externus 바깥폐쇄근/외폐쇄근
6. Quadratus Femoris 넙다리네모근/대퇴방형근
7. Gluteus Maximus 큰볼기근/대둔근
8. Iliopsoas 엉덩허리근/장요근

※ 엉덩허리근은 그림 생략됨

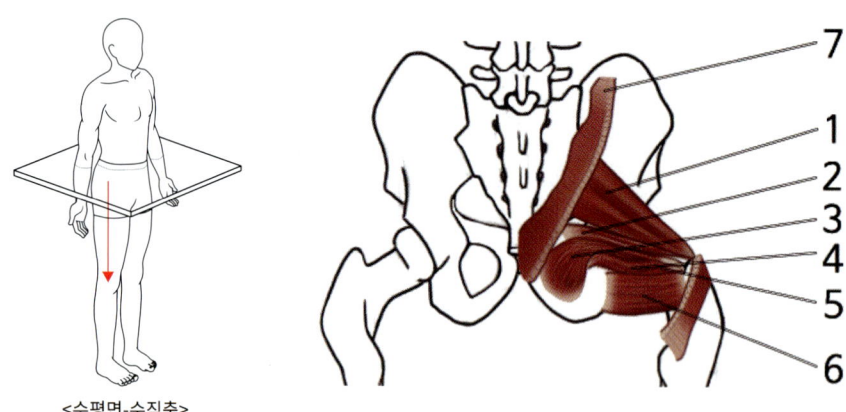

<수평면-수직축>

Medial(Internal)Rotators of The Hip 엉덩관절 안쪽돌림근/고관절 내회전근

1. Gluteus Medius 중간볼기근/중둔근
2. Gluteus Minimus 작은볼기근/소둔근
3. Tensor Fascia Latae 넙다리근막긴장근/대 퇴근막장근
4. Pectineus 두덩근/치골근
5. Adductor Longus 긴모음근/장내전근
6. Adductor Brevis 짧은모음근/단내전근
7. Adductor Magnus 큰모음근/대내전근

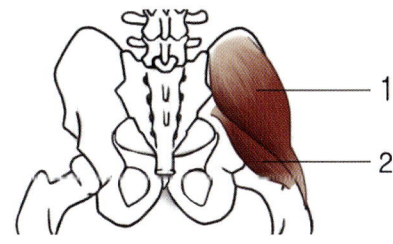

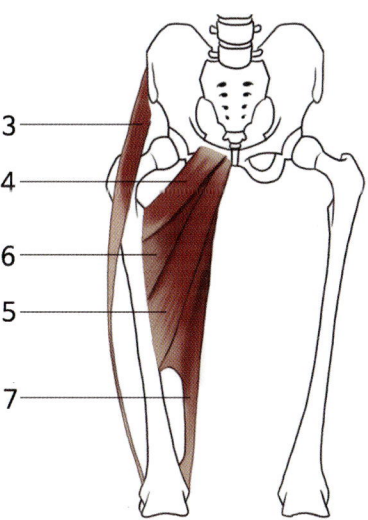

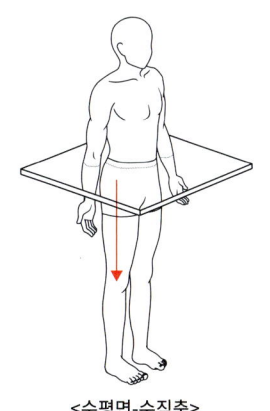

<수평면-수직축>

Movements of The Knee 무릎관절(슬관절)의 움직임

5) 무릎관절(슬관절)의 움직임 종류에 따른 근육의 명칭

- **Flexion 굽힘(굴곡)**

Biceps Femoris - 넙다리두갈래근(대퇴이두근)
Semitendinosus - 반힘줄모양근(반건양근)
Semimembranosus - 반막모양근(반막양근)
Sartorius - 넙다리빗근(봉공근)
Gracilis - 두덩정강근(박근)
Gastrocnemius - 장딴지근(비복근)
Plantaris - 장딴지빗근(족척근)
Popliteus - 오금근(슬와근)

- **Extension 폄(신전)**

Vastus Lateralis - 가쪽넓은근(외측광근)
Vastus Intermedius - 중간넓은근(중간광근)
Vastus Medialis - 안쪽넓은근(내측광근)
Rectus Femoris - 넙다리곧은근(대퇴직근)
Tensor Fascia Latae - 넙다리근막긴장근(대퇴근막장근)

- **External Rotation 가쪽돌림(외회전)**

Biceps Femoris - 넙다리두갈래근(대퇴이두근)

● Internal Rotation 안쪽돌림(내회전)

Semitendinosus - 반힘줄모양근(반건양근)

Semimembranosus - 반막모양근(반막양근)

Popliteus - 오금근(슬와근)

Gracilis - 두덩정강근(박근)

Sartorius - 넙다리빗근(봉공근)

Flexors of The Knee 무릎관절 굽힘근/슬관절 굴곡근

1. Biceps Femoris 넙다리두갈래근/대퇴이두근
2. Semitendinosus 반힘줄모양근/반건양근
3. Semimembranosus 반막모양근/반막양근
4. Sartorius 넙다리빗근/봉공근
5. Gracilis 두덩정강근/박근
6. Gastrocnemius 장딴지근/비복근
7. Plantaris 장딴지빗근/족척근
8. Popliteus 오금근/슬와근

※ 오금근은 그림에서 생략됨

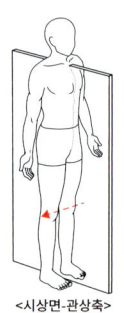
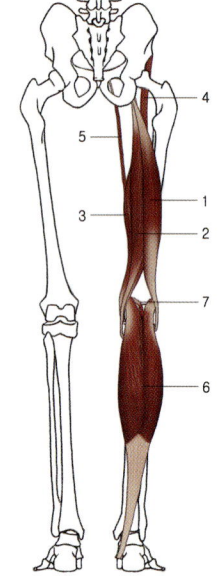
<시상면-관상축>

Extensors of The Knee 무릎관절 폄근/슬관절 신전근

1. Vastus Lateralis 가쪽넓은근/외측광근
2. Vastus Intermedius 중간넓은근/중간광근
3. Vastus Medialis 안쪽넓은근/내측광근
4. Rectus Femoris 넙다리곧은근/대퇴직근
5. Tensor Fascia Latae 넙다리근막긴장근/대퇴근막장근

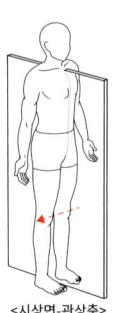
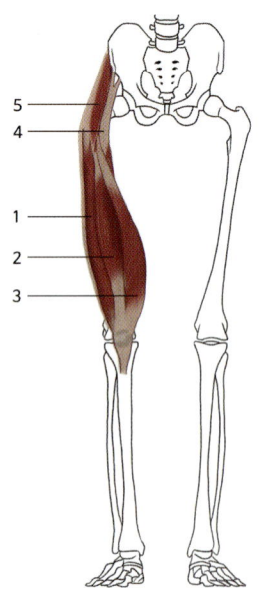
<시상면-관상축>

Lateral(External) Rotator of The Knee 무릎관절 가쪽돌림근/슬관절 외회전근

1. Biceps Femoris 넙다리두갈래근/대퇴이두근

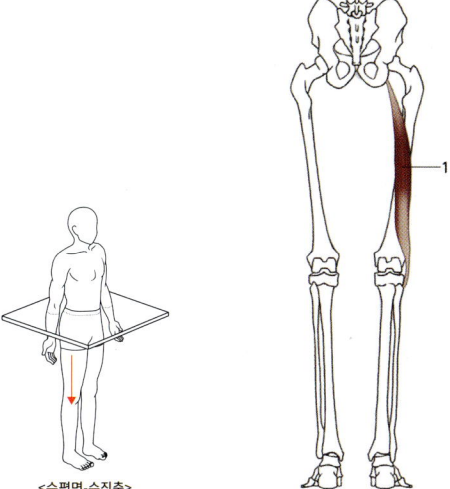

<수평면-수직축>

Medial(Internal) Rotator of The Knee 무릎관절 가쪽돌림근/슬관절 외회전근

1. Semitendinosus 반힘줄모양근/반건양근
2. Semimembranosus 반막모양근/반막양근
3. Popliteus 오금근/슬와근
4. Gracilis 두덩정강근/박근
5. Sartorius 넙다리빗근/봉공근

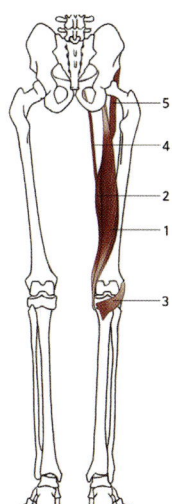

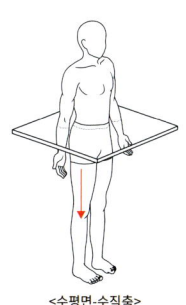

<수평면-수직축>

Movements of The Ankle 발목관절(족관절)의 움직임

6) 발목관절(족관절)의 움직임 종류에 따른 근육의 명칭

● Dorsi Flexion 발등쪽굽힘(배측굴곡) :

Tibialis Anterior - 앞정강근(전경골근)

Extensor Digitorum Longus - 긴발가락폄근(장지신근)

Peroneus Tertius - 셋째종아리근(제3비골근)

Extensor Hallucis Longus - 긴엄지발가락폄근(장모지신근)

● Plantar Flexion 발바닥쪽굽힘(저측굴곡) :

Gastrocnemius - 장딴지근(비복근)

Plantaris - 장딴지빗근(족척근)

Soleus - 가자미근(넙치근)

Tibialis Posterior - 뒤정강근(후경골근)

Flexor Digitorum Longus - 긴발가락굽힘근(장지굴근)

Flexor Hallucis Longus - 긴엄지발가락굽힘근(장모지굴근)

Peroneus Longus / Brevis - 긴,짧은종아리근(장,단비굴근)

● Inversion 안쪽번짐(내번) :

Tibialis Anterior - 앞정강근(전경골근)

Tibialis Posterior - 뒤정강근(후경골근)

Flexor Digitorum Longus - 긴발가락굽힘근(장지굴근)

- **Eversion 가쪽번짐(외번) :**

Peroneus Tertius - 셋째종아리근(제3비골근)

Peroneus Longus / Brevis - 긴,짧은종아리근(장,단비굴근)

Dorsi Flexors of The Ankle 발목관절 발등 굽힘/족관절 배측굴곡

1. Tibialis Anterior 앞정강근/전경골근
2. Extensor Digitorum Longus 긴발가락폄근/장지신근
3. Peroneus Tertius 셋째종아리근/제3비골근
4. Extensor Hallucis Longus 긴엄지발가락폄근/장모지신근

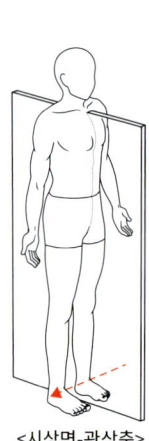
<시상면-관상축>

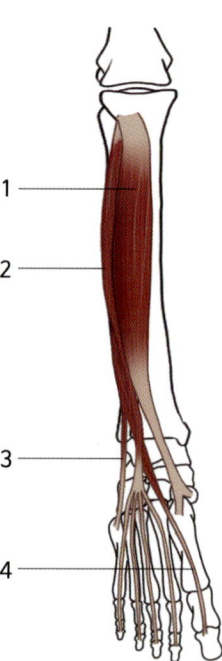

Plantar Flexors of The Ankle 발목관절 발바닥 굽힘/족관절 저측굴곡

1. Gastrocnemius 장딴지근/비복근
2. Plantaris 장딴지빗근/족척근
3. Soleus 가자미근/넙치근
4. Tibialis Posterior 뒤정강근/후경골근
5. Flexor Digitorum Longus 긴발가락굽힘근/장지굴근
6. Flexor Hallucis Longus 긴엄지발가락굽힘근/장모지굴근
7. Peroneus Longus / Brevis 긴,짧은종아리근/장,단비골근

※ 장지굴근은 그림에서 생략됨

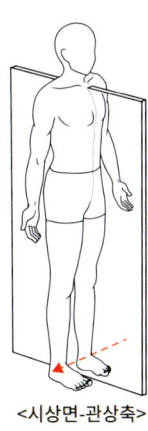
<시상면-관상축>

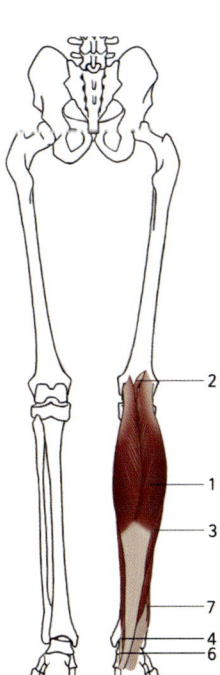

Invertors of The Foot 안쪽번짐/내번

1. Tibialis Anterior 앞정강근/전경골근
2. Tibialis Posterior 뒤정강근/후경골근
3. Flexor Digitorum Longus 긴발가락굽힘근/장지굴근

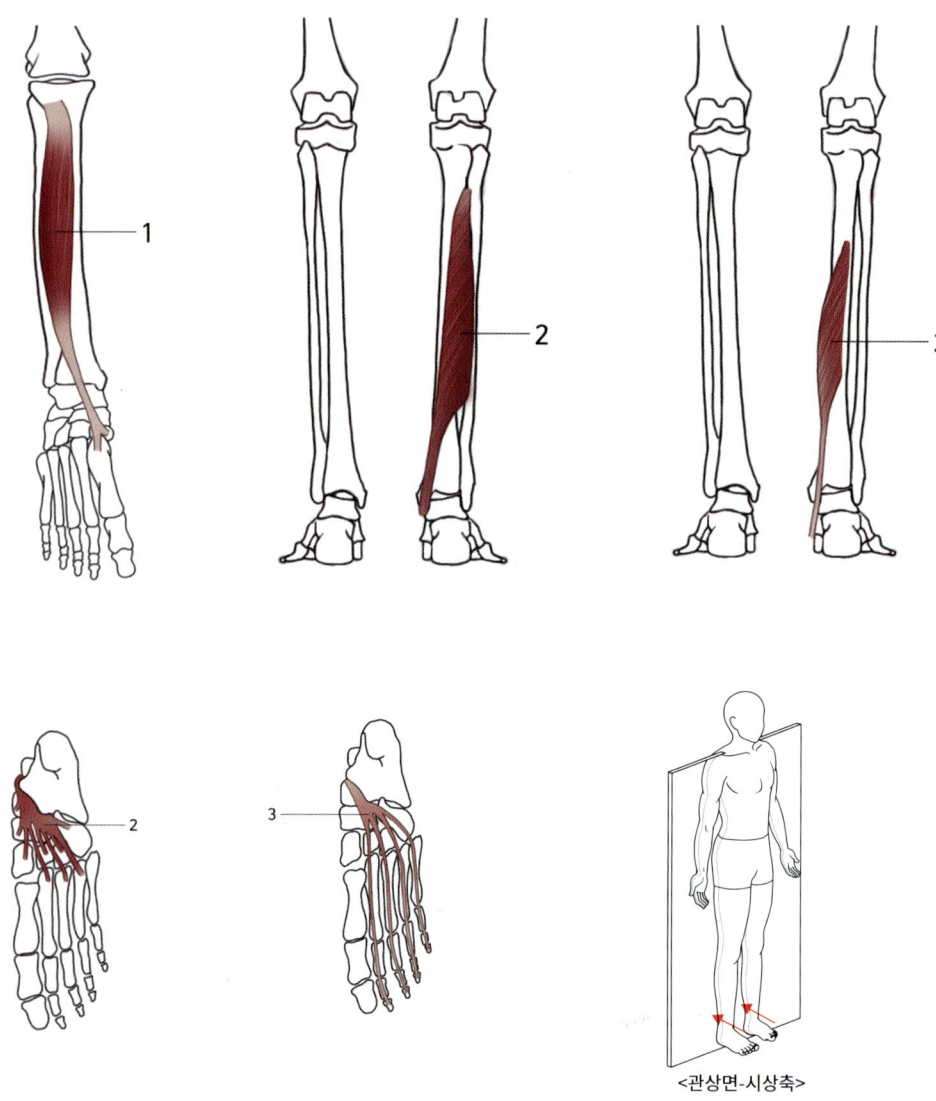

<관상면-시상축>

Evertors of The Foot 바깥쪽번짐/외번

1. Peroneus Tertius 셋째종아리근/제3비골근
2. Peroneus Longus 긴종아리근/장비골근
3. Peroneus Brevis 짧은종아리근/단비골근

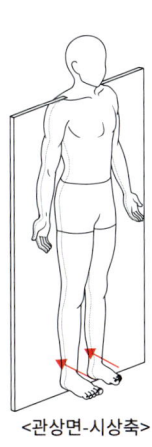

<관상면-시상축>

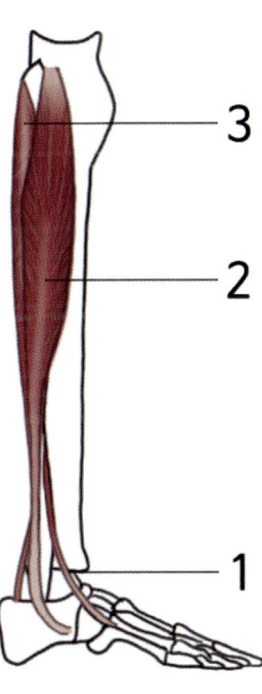

6 근수축의 종류

등속성 운동(isokinetic exercise)은 동적인 형태의 운동으로서 근섬유의 길이가 짧아지면서 발생하는 장력이 모든 각도에서 동일하게 발휘되는 특성이 있다.

등속성 수축은 근수축 속도가 일정하고 전체운동범위에서 최대로 발휘한 힘이 저항으로 작용하므로 어떠한 관절 각도에서도 최대부하량이 유지될 수 있다. 그러나 특수한 장치나 고가의 운동기구가 필요하다는 단점이 있다.

등척성 운동(isometric exercise)은 정적인 운동으로 근육의 수축은 일어나나 부하의 이동이 없고 전체 근육의 길이가 변하지 않는 운동이다.

등척성 운동의 장점은 관절의 움직임이 없기 때문에 관절 손상이 일어나지 않으며 근육의 펌프작용에 의한 체액제거를 통해 부종(swelling) 감소에 도움을 주는 것이다. 등척성 기술을 사용하면 특정근육의 약한 상태를 알아낼 수 있고 알맞은 관절각에서 강한 운동을 행할 수 있다.

등장성 운동(isotonic exercise)은 동적인 형태의 운동 방법으로 외부의 저항에 일정하게 작용하거나 변화하며 근육의 길이가 관절 가동범위 내에서 길어지거나 짧아지는 운동 방법이다. 등장성 운동은 동심성 수축(concentric contraction)과 편심성 수축(eccentric contraction)으로 근장력을 발생한다. 동심성 수축은 근육이 짧아지면서 장력이 발생하며 편심성 수축은 근육이 길어지면서 장력이 발생하는 근수축 형태이다. 그리고 편심성 수축과 동심성 수축이 동시에 일어나는 편·동심성 수축(econcentric contraction)이 있다.

골격근에는 하나의 관절 움직임에 관여하는 근육과 두 개의 관절움직임에 관여하는 근육들이 있으며 일반적으로 하나의 근육은 동심성 수축을 하거나 편심성 수축을 한다. 그러나 두 개의 관절 움직임에 관여하는 근육(Two-joint Muscle)은 한 곳은 동심성 수축을, 다른 한쪽은 편심성 수축을 하는 한 근육에서 두가지의 근수축 형태가 나타난다. 이와 같은 수축을 편·동심성 수축(econcentric contraction)이라 한다.

하지의 많은 근육들은 편심(원심)성 수축과 동심(구심)성 수축 그리고 편·동심성 수축을 하며 이러한 수축들은 상호작용하여 기능적인 운동을 수행하며 관절의 안정성과 좋은 움직임들을 만들어낸다.

7 열린사슬운동(OKC)과 닫힌사슬운동(CKC)

열린 사슬(open kinetic chain) 운동은 상지의 원위부에서 자유롭게 움직이고 근위부에서는 고정된 상태로 운동을 실시하는 방법으로 관절 가동범위가 제한된 환자의 근력강화를 위해 중요한 역할을 한다.

열린 사슬 운동은 관절의 움직임이 독립적이고 구심성 근수축이 우세하며 더 많은 견인력과 회전력을 발생시킨다. 때문에 재활 근력 강화 운동이나 관절 가동범위 증가를 위한(도수저항이나) 기구를 이용한 운동 방법이 효과적이다.

태권도 상지 동작은 열린 사슬 운동으로 주동근 즉 구심성 근수축이 우세하다. 때문에 주동근의 활성화에 의한 자세교정 운동으로 적합하며 상지의 막기, 치기, 지르기 등 여러 동작들은 독립적인 관절에 견인력과 회전력을 발생시켜 관절 가동범위가 제한된 환자의 근력을 강화하여 손상된 근육을 재생시키고 관절 가동범위 회복 등에 효과적인 운동방법이다.

닫힌 사슬(closed kinetic chain) 운동은 사지의 원위부는 고정되어 있는 상태에서 근위부와 원위부에서 저항을 동시에 적용할 때 일어나는 운동이며 움직이는 관절축이 여러 개이다. 두 개 이상의 분절이 동시에 움직이며 다관절, 다방향 운동으로 분절간, 분절내, 근육간, 근육내, 협응운동으로 기능적 운동이다.

닫힌 사슬 운동은 에너지가 운동감각의 공간을 따라 흐르다가 고정된 원위부에서 다시 근위부로 돌아오면서 왕복, 순환되는 운동이다. 닫힌 사슬 운동은 왕복순환되는 피드백을 통해 에너지 흐름의 속도와 방향 그 힘 정도를 조절할 수 있다. 또 닫힌 사슬 운동은 원심성수축이 우세하며, 고유수용성감각을 촉진한다.

태권도 하지 서기 동작들은 닫힌 사슬 운동으로 다관절 다방향 운동이며 분절간,

분절내, 근육간, 근육내, 협응운동을 하는 기능적 운동이다. 또한 하지의 서기 동작들은 왕복 순환되는 피드백을 통해 에너지 흐름의 속도와 방향 그 힘의 정도를 조절 할 수 있다. 서기 동작 시 에너지 흐름의 속도 및 그 힘의 정도는 수련자의 판단에 의해 빠르거나, 느리게 또는 힘의 세기를 강하거나 약하게 조절 가능하다. 그러나 에너지 흐름의 방향은 인체 중력 부하의 위치가 각 서기 동작마다 다르기 때문에 서기 동작에 따라 달라진다.

앞서기, 뒷굽히기, 주춤서기 자세의 중력부하 위치는 다리 외측의 앞, 옆, 뒷면에 부하를 주어 에너지가 흐르고 앞굽히기, 범서기, 꼬아서기 자세의 중력부하 위치는 다리 내측의 앞, 옆, 뒷면에 부하를 주어 에너지가 흐른다. 때문에 위에서 제시한 6가지 태권도 서기 동작은 다리를 세로방향 6등분으로 세분하여 부하를 줌으로 분절간, 분절내, 근육간, 근육내 협응운동을 통해서 하지의 고유수용성감각을 촉진시키고 기능적으로 균형 있는 근력을 발달시킬 수 있다.

II. 태권도 동작과 자세

 자세는 몸을 움직이거나 가누는 모양, 포즈(pose), 인체의 모든 구조물들이 상호관계 되어 있는 위치, 인체의 역학적 정렬, 또 사물을 대할 때 가지는 마음가짐 등으로 표현된다.
 자세가 중요한 이유는 중력의 지배를 받기 때문인데 바르지 못한 자세는 중력의 영향에 의해 특정한 근육과 관절에 지나친 부담을 주게 되어 통증을 유발하고 인체구조에 변형을 일으켜 각종 질환을 유발한다.
 반면 좋은 자세는 건강한 삶과 외적으로 아름다운 몸을 유지시키고 심리적, 사회적으로도 정상적인 삶을 영위하는데 크게 기여한다.
 태권도의 동작에는 하지 동작의 서기와 차기, 상지 동작의 막기, 지르기, 찌르기, 치기 등 다양한 동작이 있으며 이와 같은 여러 동작들은 각 동작마다 특정한 근육에 부하를 줄 수 있다.
 태권도 동작을 할 때, 어느 근육에 부하를 주는지 동작마다 해부학적으로 분석하여 나쁜 자세의 유형에 따라 적용한다면 태권도 수련으로 자세교정이 가능하다. 위와 같은 내용은 이미 여러 연구들에서 밝혀졌다.
 즉, 올바른 자세에서의 태권도 수련은 태권도 수련의 효율성을 높이고 나쁜 자세로 인해 발생되는 통증, 인체의 각종질환과 심리적, 사회적으로도 건강한 삶을 영위하는데 도움을 줄 수 있다.

1 바른 자세의 좋은 점

1) 바른 자세는 올바른 인격을 형성한다.

　방학 때면 초, 중, 고 선생님들의 역량을 강화 하기위해 교사 직무연수가 열리는데 이 연수시간에 선생님들의 대상으로 특강을 나갑니다. 특강이 시작되고 선생님들께 첫 질문을 던집니다. "선생님 새 학년, 새 학기가 되면 신입생이나 보지 못한 새로운 학생들의 담임을 맡으시죠, 그런데 교단에 서서 척 보면 저 학생은 모범생 저 학생은 불량학생 아이들의 자세만 봐도 답 나오죠?" 하고 질문을 던지면 대부분의 선생님들께서 빙그레 웃으시며 당연하다는 표현들을 하십니다. 이런 표현 또한 긍정을 표현하는 자세입니다. 대부분 우리는 어떤 사람의 자세를 보면 그 사람의 내면적인 상황이나 지금까지 인생 여정을 말하지 않아도 느낄 수 있습니다. 즉 사람의 자세를 보면 그 사람의 심리상태, 성품, 인격을 알 수 있다는 것입니다.

　어떤 사람의 자세는 자신의 마음 상태를 밖으로 표현한 것입니다. 어떤 자세는 아주 힘 있어 보이고, 어떤 자세는 아주 힘없어 보이기도 합니다. 자신에게서 표현되어지는 자세는 자신이 가지고 있는 마음 상태입니다. 어떤 자세가 있으면 그 자세에 맞는 마음이 형성되는 것입니다. 반대로 어떤 마음을 계속 유지하면 그 마음 상태에 맞는 자세가 됩니다. 정중하고 겸손한 마음을 가지면 정중하고 겸손한 자세가 만들어지고 불친절하고 거만한 마음을 가지면 불친절하고 거만한 자세가 만들어 집니다. 사랑하는 마음을 가지면 사랑하는 자세가 만들어지고 미워하고 시기, 질투하는 마음을 가지면 그와 똑같은 자세가 만들어지는 것입니다.

　자세는 자신의 마음 상태를 외부로 표현한 것이고, 자신에게서 표현 되어지는 자세는 자신의 마음인 것입니다. 자세와 마음은 하나입니다. 올바른 마음으로 바른 자세를 만들고 바른 자세로 올바른 마음을 만들 수 있습니다. 때문에 바른 자세는 올바른 인격을 형성한다고 할 수 있습니다.

2) 바른 자세는 성장을 촉진시킨다.

성장장애의 원인으로는 선천적인 요인과 후천적인 요인으로 구분되어지는데 선천적 원인을 제외한 후천적 원인들을 보면, 영양결핍, 내부 장기에 생기는 질환(소화기, 호흡기, 비뇨생식기, 내분비 질환), 생활습관 등으로 나눌 수 있습니다. 바른 자세가 성장을 돕는 이유는 나쁜 생활습관 때문에 생긴 나쁜 자세가 키를 작게 보이게 하며 이런 자세의 교정만으로도 키를 크게 할 수 있습니다. 즉 O, X형의 다리 교정과 척추 측만이나 전, 후만증의 교정은 교정자체가 숨어 있는 키를 찾는 것은 물론이고, 자세가 바르게 되면 척추의 정렬을 바르게 하여 내부 장기에 생기는 질환들의 면역능력을 극대화 시키며 세포의 성장성, 운동성, 재생성 등에 효과를 극대화 시켜 모든 관절에 힘이 골고루 분산되어 성장판을 골고루 자극하기 때문에 성장을 촉진시킵니다. 또한, 척추의 정렬을 바르게 하여 내부 장기의 기능을 향상시켜 질병을 이겨내게 하며 이런 결과로 내부 장기의 기능이 원활해져 성장을 돕습니다.

3) 바른 자세는 학습능률을 향상시킨다.

자세가 바르면 목과 어깨 눈의 피로를 덜어주어 덜 지치게 하고 혈액순환을 원활하게 하며 뇌의 활동을 활발하게 하여 학습능률과 집중력을 높입니다.

바른 자세로 공부하는 방법은 본인이 직접 경험한 바가 있습니다.

평상 시 책상에서 의자를 뒤로 밀고 몸을 숙인 자세로 책을 읽게 되면 얼마가지 않아 목, 어깨의 통증과 함께 눈의 피로를 빨리 느낍니다. 그러나 의자를 당기고 허리와 목을 똑바로 세우고 독서대에 책을 올리고 책을 보면 아주 오랜 시간 책을 보아도 덜 지치고 집중력도 떨어지지 않습니다. 본인의 경험으론 적어도 두 세배의 효과가 있는 것 같습니다.

그 옛날 퇴계 이황 선생님이 계셨던 도산 서원에서 장원급제가 많았는데 퇴계 이황 선생님의 학습지도 방법이 책받침을 눈높이로 올리고 무릎을 꿇는 자세 즉 허리, 등, 목을 꼿꼿이 펴서 학습을 지도하였는데 이런 바른 자세 학습지도법이 학습효과를 극대화시켜 도산 서원에서 장원급제자가 많았던 것 같습니다.

자세가 바르지 못하면 목과 어깨의 근육 뭉침으로 인해 뇌에 혈액 공급이 원활하지 못하게 되는데 이로 인해 두통이나 현기증, 신경과민 증상을 일으킵니다. 공부를 하려고 책상에 앉기는 앉았는데 마음먹는 대로 되질 않아 신경질만 늘게 됩니다. 거기에다 더 보태서 부모님의 진정 어린 충고 말 한마디는 잔소리로 전락해서 짜증을 나게 하고 반항심만 키우는 꼴이 됩니다.

우리 아이가 평상 시, 행동이 너무 신경질적이거나 과격해 진다면 공부하는 자세를 검토해볼 필요가 있습니다. 공부하라고 말만 할 것이 아니라 덜 지치고 학습효과를 높일 수 있는 바른 자세 학습법을 지도 해주는 것이 진정 어린 부모님의 충고보다 훨씬 높은 효과를 가져 올 것입니다.

4) 바른 자세는 질병을 예방하고 치유한다.

친하게 지내는 경찰서장님이 허리 수술을 두 번이나 하셨습니다. 하도 답답해서 나에게 질문을 던집니다. "변 교수, 무조건 걷는 것이 건강에 좋습니까?" 첫 번째 수술하고 의사 선생님이 운동하라 해서 열심히 걷고, 헬스장에서 운동도 열심히 했는데 무엇이 문제여서 또 수술을 해야 하나.. 이렇게 하다 또 세 번째 수술을 해야 되는 것 아니냐며 땅이 꺼져라 한숨을 쉬며 걱정이 많으셨습니다. '운동하면 건강 해진다' 맞는 말입니다. 하지만 무조건 운동하는 것이 아니라 운동 강도와 빈도를 자신의 상태에 맞추어 운동해야 하고 더욱 중요한 것이 바른 자세로 운동하는 것입니다. 예를들면 O자형 다리를 가진 사람이 걷기, 달리기, 등산, 헬스 등의 운동을 할 때와 X형 다리를 가진 사람이 운동할 때는 정반대의 자세로 운동하여야 됨에도 불구하고 현재 자신의 만들어진 몸의 자세형태 대로 운동을 하고 있습니다. 이것 때문에 문제가 생기는 것입니다.

O자형 다리를 가진 사람이 자신의 몸 상태 그대로 O자형 걷기, O자형 등산, O자형 헬스 운동을 하면 O자형으로 좁아져 있는 O자형 다리의 내측은 더욱 좁아져서 관절의 퇴행성 변이를 일으키며 인대, 연골의 손상 등을 가중시켜 더욱 심각한 상태로 되고 맙니다.

즉, 잘못된 자세의 운동방법이 독이 된 셈입니다. 아무렇게나 운동을 해서는 안 됩니다. 자신의 자세에 맞는 운동방법으로 운동의 강도와 빈도를 조절해서 실시하는 바른 자세 맞춤형 운동을 실시해야 비로소 건강해질 수 있습니다.

5) 바른 자세는 뇌와의 행복한 소통이다.

대부분의 사람들은 자세와 뇌가 무슨 연관성이 있어 자세는 뇌와의 행복한 소통이란 표현을 했을까? 아무런 상관이 없다고 생각할 수 있습니다. 하지만 정반대로 모든 것이 관계 되어있습니다. 발목, 무릎, 골반, 척추 등의 변형이 그냥 외적인 변형만을 의미하고 변형을 일으킨 곳의 통증 정도의 질환이라면 사실 큰 문제가 되질 않는다고 봅니다. 하지만 발목, 무릎, 골반, 척추 등의 변형은 뇌에 올바르게 전달되어져야 할 신경 전달력을 떨어트립니다. 사람의 모든 움직임과 대사활동들은 말초에 있는 여러 종류의 감각기관들과 자율신경들이 뇌와의 소통에 의해서 이루어집니다. 자세가 중요하다고 하는 이유는 자율신경과 말초의 감각 기관들이 뇌와 소통되는 연결 고리인 척수에 영향을 미치기 때문입니다. 신경전달 속도는 1초에 60m~120m의 속도를 내는데 이런 빠르기로 움직이는 신경들이 지나다니는 통로인 척주가 휘어지면 척주 속 척수도 휘게 되어 신경 전달력에 문제가 생기게 되는 것입니다. 100%의 전달력으로 소통되어야 할 신경전달력이 90%, 70%로 떨어지면 신경전달력이 떨어진 만큼 그 신경이 지배하는 인체 모든 기관들의 기능이 저하됩니다.

6) 운동은 약이다? 독이다?

근골격계, 무릎, 허리, 어깨, 목 어떤 부위를 수술해도 수술 후에는 반드시 운동하라고 합니다. 근골격계 뿐만 아니라 내장기관의 심장, 폐, 위, 대장 어떤 부위를 수술해도 수술 후에는 운동해야 합니다. 이 뿐만 아니라 암이나 신경, 뇌수술 후에도 심지어 심리치료에도 운동을 하라 합니다. 이처럼 운동은 수술 후 재활에 반드시 필요하며 더 큰 의미는 이런 많은 병들을 발생하지 않도록 미연에 예방해주는 예방의학입니다.

이런 말을 한다는 것이 참 가슴 아픈 이야기지만 진실은 진실이니까 이야기 해보고자 합니다. 저는 대학의 태권도학과, 무술학과, 체육학과, 재활복지학과에서 재활과 관련된 강의를 다녔습니다. 그런데 정말 건강할 것이라 생각하는 체육학과, 태권도학과, 무술학과 학생들의 건강상태는 가슴 아프게도 여기저기 손상 투성이들입니다.

체육 특기생의 경우는 더욱 심합니다. 좀 심하게 표현해서 병신들이라고 장난치듯 표현합니다. 왜 이럴까? 운동이 독이 된 것입니다. 옛 말에 적당히 하라는 말이 있습니다. 운동도 자기 신체 능력에 맞게 정확한 처방을 받아서 해야 합니다. 그런데 체육학과나 태권도학과, 무술학과 학생들이 하는 운동에는 대부분 특수한 목적이 있습니다. 즉, 치열한 입시경쟁의 실기시험을 보기위해 또 자신이 하고 있는 종목에서 대학에 진학하기 위한 등수를 만들기 위해 자기 몸의 한계를 뛰어넘어 혹독한 운동을 견디고 이겨내야 합니다. 너무 과한 목적성의 운동이 학생들의 몸을 골병들인 셈입니다. 학생들이 이러한데 운동을 직업으로 하고 있는 사람들이 건강할 수 있을까? 너무 지나친 운동은 독이 됩니다.

7) 물은 100°C에서 끓는다.

사람의 병도 마찬가지다 99°C 까지는 괜찮을 듯합니다. 100°C가 되며 터지는 것입니다. 저를 직접적으로 아시는 분들, 또 지인들의 아시는 분들, 많은 사람들이 한결같이 하는 이야기들이 몇일전 까지는, 또는 어제까지는, 방금 전 까지는 괜찮았는데 갑자기 아프다고 합니다. 어떻게 사람이 괜찮다가 갑자기 이렇게 아플까? 하지만 우리의 몸은 갑자기 아픈 것이 아닙니다. 이런 경험들 했을 것입니다. 어디가 조금 아파오면 파스를 붙이고 진통제를 먹고 며칠 있으면 안 아프게 되는데 이런 경험들의 횟수가 늘어갈 때마다 파스를 붙이고 진통제 먹는 날짜가 길어지고 아팠다, 안 아팠다 한 횟수를 세어보면 처음보다 더 잦아집니다. 이런 과정은 다 무시하고 마지막에 참다 참다못해 터져버린 것을 갑자기라고 표현하는 것입니다. 내 몸에 병이 생겼다고 통증으로 신호를 보내고 보내도 근본을 해결하지 않고 임시방편만 하다 몸이 견디다 못해 무너지는 것입니다.

물은 100°C에서 끓습니다. 사람의 병도 마찬가지다 99°C 까지는 괜찮은 듯하다가 1°C 상승 즉 100°C가 되면 쓰러지는 것입니다. 그래서 미리미리 자신의 안 좋은 부위를 찾아 예방하는 것이 가장 건강하게 살 수 있는 방법인 것입니다. 세계인이 즐기는 건강 태권도 수련을 적극 추천합니다.

2 자세평가

1) 이상적 자세 정렬(Good Posture)

-정면-

+ 체크사항

① 눈썹과 눈썹 사이(이마)·인중·목의 움푹 들어간 곳(절흔)·배꼽·무릎 사이·발 사이가 추선(plumb line, 정중선)과 일직선상에 있는가? 또 좌우대칭인가?

② 양쪽 귀의 높이가 같은가?

③ 양쪽 어깨의 높이가 같은가?

④ 골반의 높이가 같은가?

⑤ 손끝의 높이가 같은가?

⑥ 무릎 사이의 간격이 일정한가?

⑦ 발목 사이의 간격이 일정한가?

-측면-

+ 체크사항

- 바깥쪽 복사뼈를 기준으로 해서 추선을 그었을 때,

① 귓구멍은 추선과 일직선상에 있는가?

② 어깨관절의 중심은 추선과 일직선상에 있는가?

③ 고관절의 중심은 일직선상에 있는가?

④ 무릎관절의 중심은 일직선상에 있는가?

⑤ 바깥쪽 복사뼈는 추선과 일직선상에 있는가?

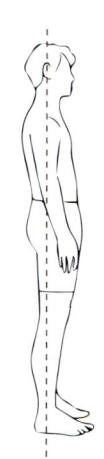

-후면-

+ 체크사항

- 천골(S2)을 기준으로 해서 정중선을 그었을 때

① 양쪽 귀의 높이가 같은가?

② 양쪽 어깨의 높이가 같은가?

③ 골반의 높이가 같은가?

④ 손 끝의 높이가 같은가?

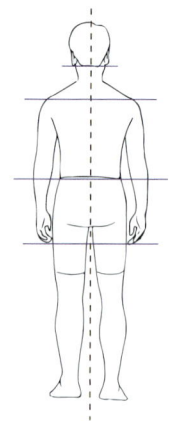

2) 자세 이상의 유형

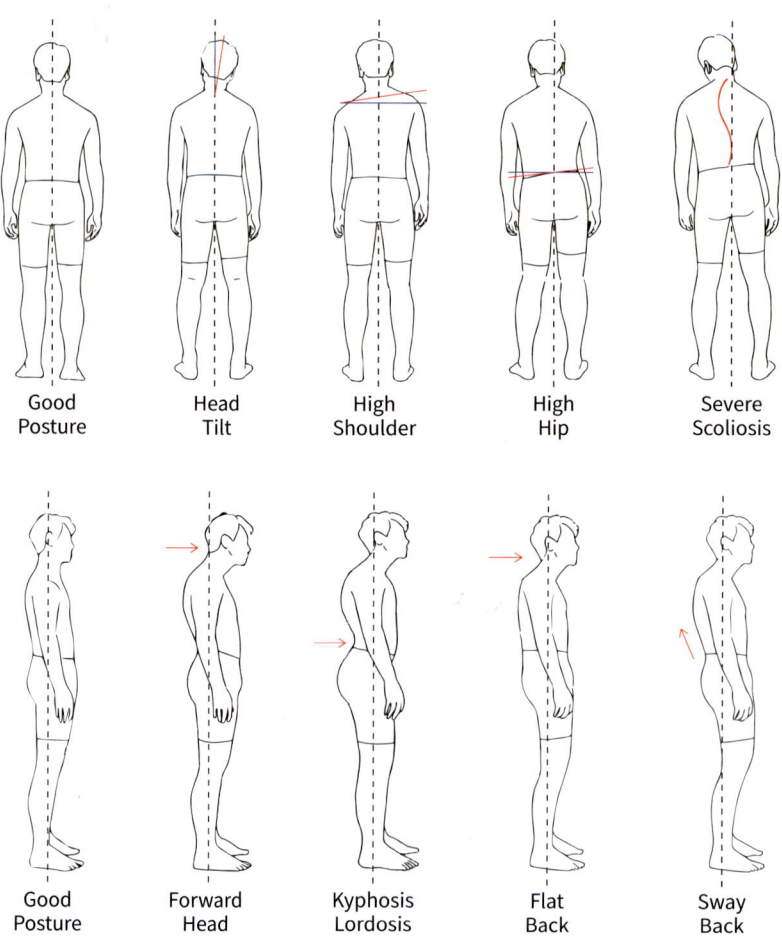

3 척추의 만곡과 축성신전

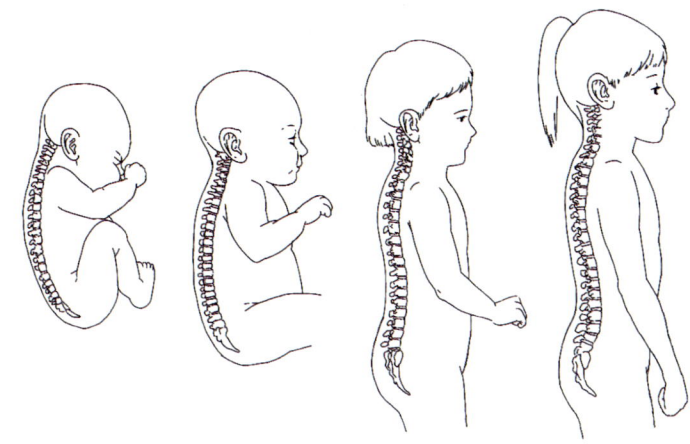

척주(vertebaral column, spinal column)는 경추, 흉추, 요추 그리고 천추의 미추로 구분되며 출생 시 전체 C자형 만곡 상태에서 약 3~4개월 전후 고개를 가누면서 경추는 역 C자형 만곡이 형성되고 약 10~12개월 전후 일어서기와 걷기를 시작하면서 요추의 역 C자 만곡이 형성된다. 출생 후 변화 되지 않은 흉추와 천추, 미추를 1차 또는 선천성 만곡이라 하고 역 C자형으로 변화를 일으킨 경추와 요추의 만곡을 2차 또는 후천성 만곡이라 한다. 1차 만곡과 2차 만곡을 측면에서 보면 경추는 역 C자 모양, 흉추는 C자형 모양, 요추는 경추와 같이 역 C자 모양이며 천추와 미추는 흉추와 같이 C자형 모양을 이룬다. 이를 위에서 아래로 연결해보면 역 S자 모양이 되며 이 역 S자 모양의 만곡은 척추 추간판과 함께 충격 흡수를 하며 척수를 보호하고 체중 지지와 자세 유지의 작용을 한다.

척추의 굴곡은 1차 만곡은 증가하고 2차 만곡은 감소하는 현상이 나타나고 척추의 신전은 반대현상으로 1차 만곡은 감소하고 2차 만곡은 증가하는 형상이 나타난다. 축성신전이란 척추의 1차 만곡과 2차 만곡이 동시에 감소하는 것을 말하며 척추의 전반적인 길이가 증가한다. 여기서 척추의 변위현상을 간단히 살펴보면 척추를 앞·뒤에서 보았을 때 옆으로 휘어진 척추측만증(scoliosis)과 척추를 옆에서 보았을 때 척추 만곡이 줄어들거나 늘어나는 변위들이 있다. 1차 만곡에 속하는 흉추의 만곡이 증가하는 흉추후만증(hyper-kyphosis)과 만곡이 감소하는 편평등(flat thoracic) 또 척추 전체가 뒤로 비스듬히 기울어지는 비스듬한 등(sway back)이 있으며 2차 만곡에 속하는 경추의 만곡변위에는 경추의 만곡이 증가하는 변위 중 머리의 후방경사에 의해 발생되는 변위, 머리를 앞으로 내밀었을 때 경추의 만곡이 증가하는 전방머리자세(forward head)와 경추의 만곡이 감소하는 일자목과 역C자형 경추의 만곡변위가 있다. 요추의 만곡변위에는 요추의 만곡이 증가하는 요추전만증(hyper-lordosis)과 요추의 만곡이 감소하는 편평허리(flat lumbar)등이 있다.

 축성신전은 자발적으로 일어나지 않으며 의식적인 노력과 훈련이 필요하다. 태권도 동작의 준비자세는 다리는 편히 선 자세에서 꼬리뼈를 약간 마는 듯 하며 골반을 약간 후하방 시키고, 요추는 후방, 흉추는 등을 펴서 전방으로, 턱을 안으로 살짝 당겨 머리를 위로 당겨지게 하는 자세 즉, 척추의 축성신전 자세이다.

 태권도 품새를 수련할 시 준비자세에서 축성신전을 의식적으로 만든 후 대부분의 동작을 실시하여야 보다 효과적인 수련을 할 수 있다. 이러한 축성신전 동작을 유지하며 태권도 품새를 수련한다면 척추의 자세 이상들 즉 전방머리 자세, 흉추후만증, 요추전만증, 척추측만증 등 다양한 척추 자세 변형들을 예방하고 개선시킬 수 있다.

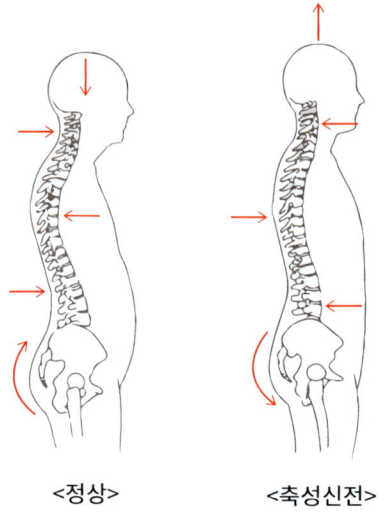

<정상>   <축성신전>

4 경추의 자세 이상

경추의 자세이상의 종류에는 첫째, 전방과 후방으로 기우는 변위(전방머리자세, 일자 목, 역C자 목) 와 둘째, 좌·우측으로 기우는 변위(측방변위) 그리고 셋째, 좌·우로 회전하는 회전변위로 크게 나눌 수 있으며 위 3종류의 변위의 복합적인 요인들이 합쳐져 만들어진 복합변위들이 생길 수 있다. 복합변위 중 전·후방 측방변위가 함께 발생한 머리가 전방으로 변위되어 좌·우측면으로 변위된 형태와 후방으로 변위되어 좌·우측면으로 변위된 형태 그리고 세가지 변위가 모두 합하여 변위된 형태로 머리가 전방으로 변위되어 좌·우측면으로 변위 되면서 얼굴이 위쪽을 향하는 회전변위, 수평으로 회전한 변위, 아래쪽을 향하면서 회전한 변위 등 경추의 움직임이 자유로운 만큼 다양한 형태의 변위가 있다.

5 어깨 높이의 변화

견갑골의 정상적인 위치는 T_2, 견갑골 상각, 견봉이 일직선상에 위치하고 척추와의 거리는 척추극돌기 SP에서 견갑골 상각까지 6~8cm, 견갑골 하각은 8~10cm에 위치하는 것이다. 이 표준 위치를 기준으로 어깨 높이의 차이에 변화를 주는 견갑골의 움직임의 종류는 다음과 같다. 어깨를 올라가게 하는 움직임에는 견갑골 상각과 견봉이 같이 올라가는 거상(elevation), 견갑골 상각은 내려가고 견봉은 올라가는 움직임인 상방회전(upward rotation)이 있으며 어깨를 내려가게 하는 움직임에는 견갑골 상각과 견봉이 같이 내려가는 하강(depression), 견갑골 상각은 올라가고 견봉은 내려가는 하방회전(downward rotation), 그리고 견갑골 후인(retraction)과 전인(protraction)이 있다. 후인 동작 시 중승모근과 능형근이 작용하는데 능형근의 활성화가 크게 되면 견갑이 후인 되면서 올라가는 움직임을 하고, 전인 동작 시에는 전거근과 소흉근이 작용하는데 소흉근이 활성화 되면 견갑골이 전인되면서 내려가는 움직임이 일어난다.

03

III. 경추와 상지의 해부학

경추와 상지 동작을 해부학적으로 해석하기 위해 태권도 준비자세와 진행 동작의 움직임보다는 마지막 동작의 주동근 위주로 해석하였다. 해석 방법에서 관절부위와 작용, 주동근들을 표로 작성 하여 관절과 근육 움직임을 한눈에 파악할 수 있게 하였다.

그리고 분석한 태권도 동작이 어떤 자세변형을 교정할 수 있는지 동작과 함께 해부학적으로 설명하였다. 또 이 동작을 실시했을 때 얻을 수 있는 얻어지는 인체에 미치는 효과에 대해서도 설명하였으며 마지막으로 운동 방법과 주의사항들을 서술하였다.

1 얼굴(올려)옆막기

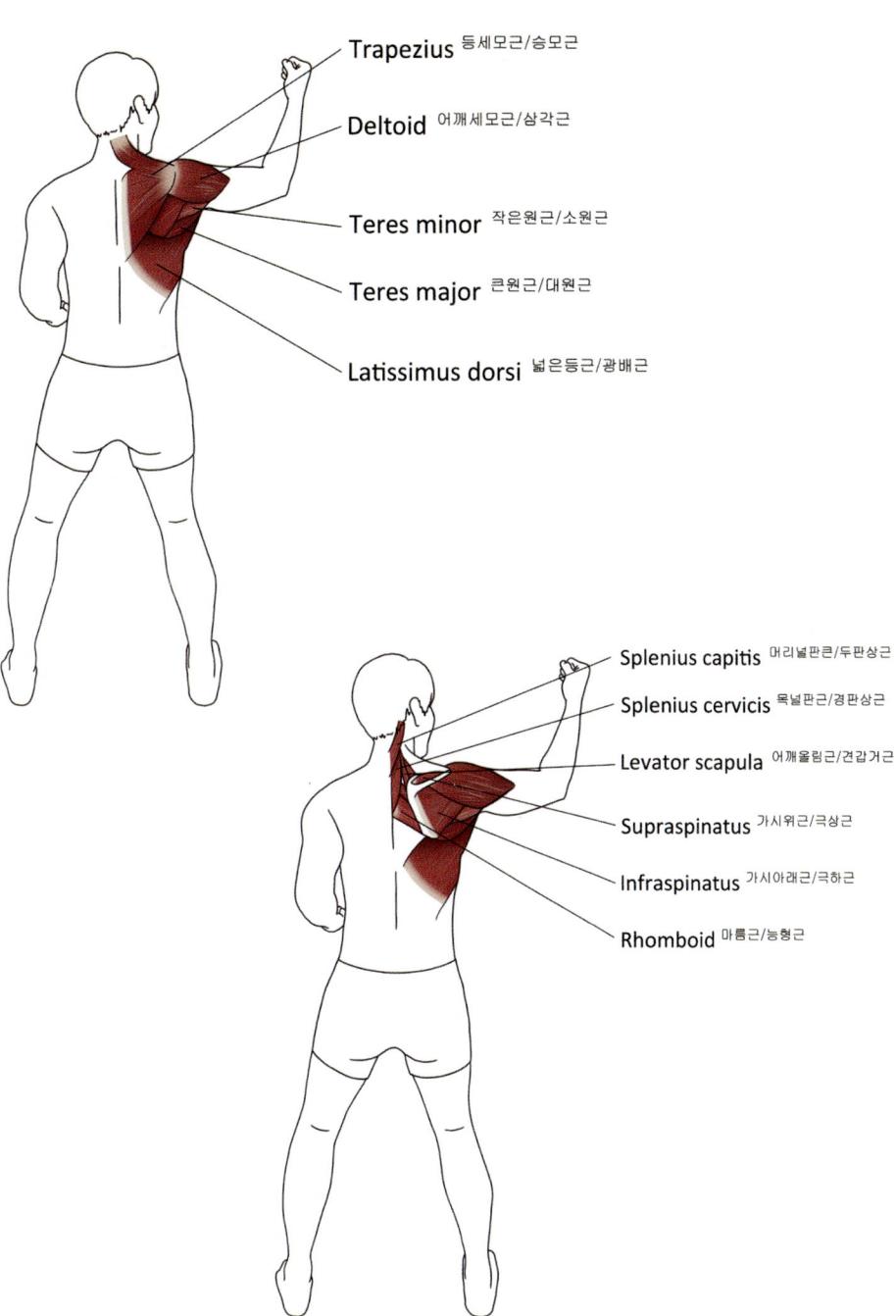

Trapezius 등세모근/승모근
Deltoid 어깨세모근/삼각근
Teres minor 작은원근/소원근
Teres major 큰원근/대원근
Latissimus dorsi 넓은등근/광배근

Splenius capitis 머리널판근/두판상근
Splenius cervicis 목널판근/경판상근
Levator scapula 어깨올림근/견갑거근
Supraspinatus 가시위근/극상근
Infraspinatus 가시아래근/극하근
Rhomboid 마름근/능형근

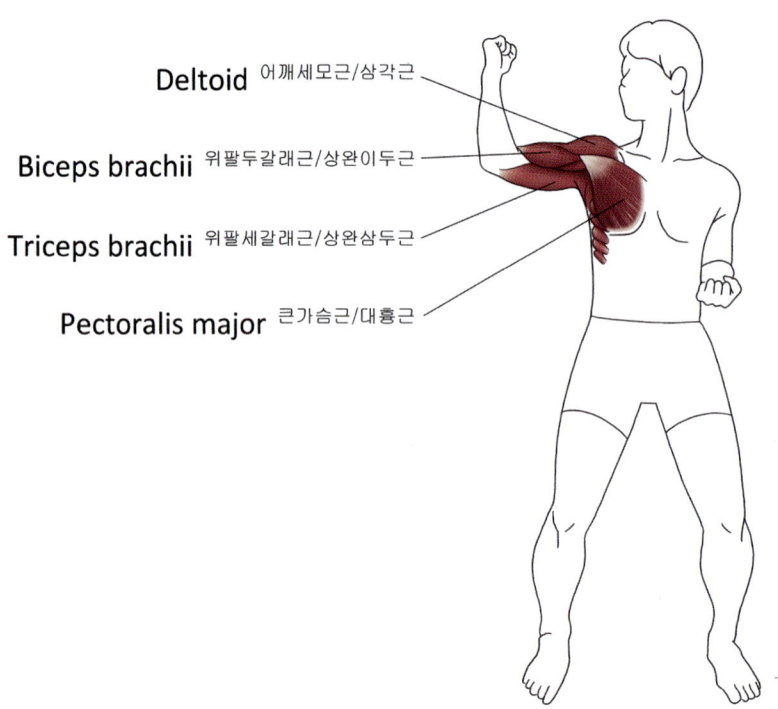

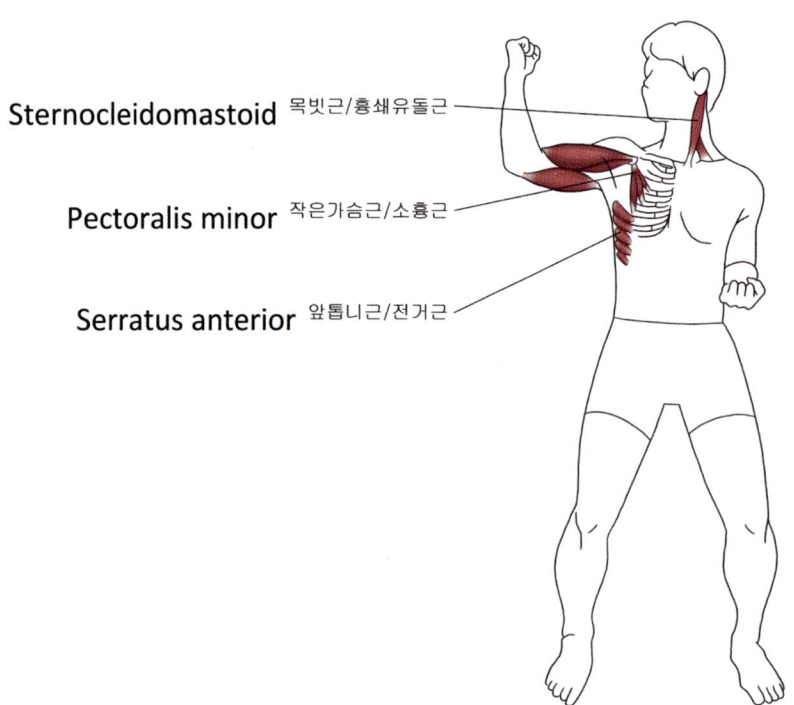

※ 얼굴(올려)옆막기 동작의 해부학적 관절 작용과 관련 근육은 다음과 같다.

Joint 관절		Action 작용	Muscle 근육
Head & Neck 머리·목/두경부		Rotation 돌림/회전	Splenius capitis 머리널판근/두판상근 Splenius cervicis 목널판근/경판상근
		Rotation 돌림/회전(반대측)	Sternocleidomastoid 목빗근/흉쇄유돌근
		Stabilization 경추의 안정화	Scalenes 목갈비근/사각근
Shoulder 어깨/견관절	Scapula 어깨뼈/견갑골	Elevation 올림/거상	Upper trapezius 위쪽등세모근/상부승모근 Levator scapula 어깨올림근/견갑거근
		Retraction 들임/후인	Middle trapezius 중간등세모근/중부승모근 Rhomboid 마름근/능형근
		Upward rotation 위쪽돌림/상방회전	Upper trapezius 위쪽등세모근/상부승모근 Lower trapezius 아래쪽등세모근/하부승모근 Serratus anterior 앞톱니근/전거근
	Humerus 위팔뼈/상완골	Horizontal abduction 수평벌림/수평외전	Posterior deltoid 뒤쪽어깨세모근/후면삼각근
		Abduction 벌림/외전	Supraspinatus 가시위근/극상근 Middle deltoid 중간어깨세모근/중부삼각근
		External rotation 바깥돌림/외회전	Posterior deltoid 뒤쪽어깨세모근/후면삼각근 Infraspinatus 가시아래근/극하근 Teres minor 작은원근/소원근
Elbow 팔꿈치/주관절	Ulna 자뼈/척골	Flexion 굽힘/굴곡	Biceps brachii 위팔두갈래근/상완이두근 Brachialis 위팔근/상완근 Brachioradialis 위팔노근/상완요골근 Pranator teres 원엎침근/원회내근
	Radius 노뼈/요골	Supination 뒤침/회외	Biceps brachii 위팔두갈래근/상완이두근 Supinator 뒤침근/회외근

1) 경추의 회전성변위 교정

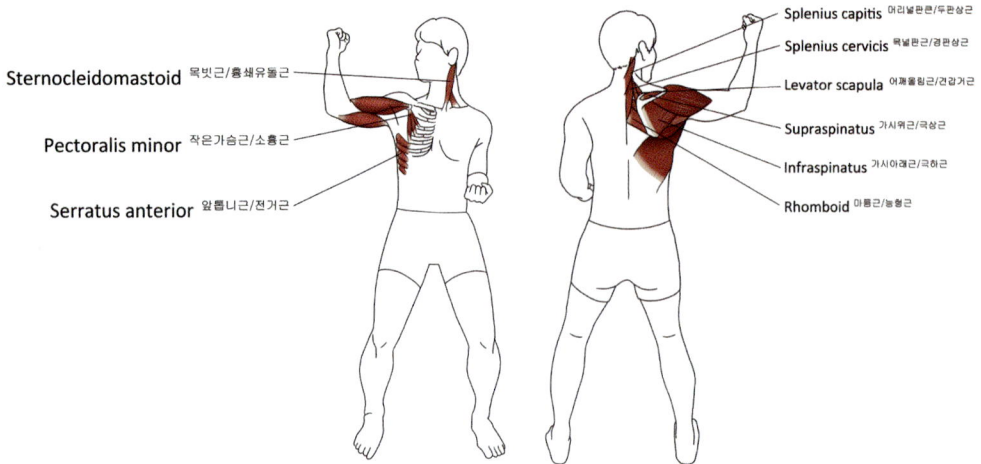

　우측 얼굴옆막기의 시선은 우측 손을 향한다. 때문에 우측의 목 뒤 근육인 두·경 판상근과 반대쪽 측면 근육인 흉쇄유돌근이 강화되어 좌측 하방으로 측면회전변위된 체형의 교정동작으로 매우 효과적인 동작이다.

2) 어깨 높이 교정

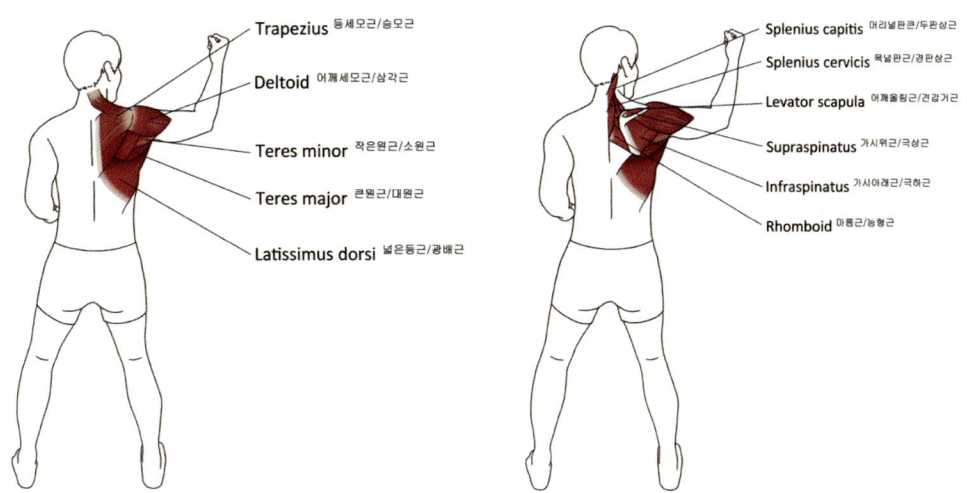

　얼굴옆막기 동작은 견갑골의 거상, 후인, 상방회전과 상완의 수평외전과 외회전, 주관절의 회외의 움직임을 하여 낮은 어깨를 높이는 작용을 한다.

　견갑골의 거상과 상방회전의 움직임이 일어날 때 견갑거근의 작용은 반작용이 일어나게 되는데 즉 견갑골의 거상 시에는 단축을 하고 견갑골의 상방회전 시에는 신장을 하게 된다. 때문에 거상에 의한 높이 변화인지, 상방회전에 의한 높이 변화인지 판단하기 어려울 수 있다.

　그러나 얼굴옆막기 동작에서 첫째, 견갑골의 거상 움직임이 일어날 때 견갑거근은 단축된다. 둘째, 견갑골의 후인 시 능형근의 단축은 상방회전 각을 제한하여 견갑거근의 신장을 막아주고 셋째, 경추의 회전으로 견갑거근의 기시와 정지점을 가깝게 하는 등의 복합적인 요인들에 의해 상방회전 시 길항근으로 작용하는 견갑거근의 신장을 최소화하여 견갑골의 상각과 견봉의 높이를 동시에 올리는 거상작용을 한다.

　(상완의 수평외전과 외회전, 주관절의 회외의 움직임들은 견갑골의 후인작용을 돕는다.)

3) 굽은 등, 둥근 어깨 교정

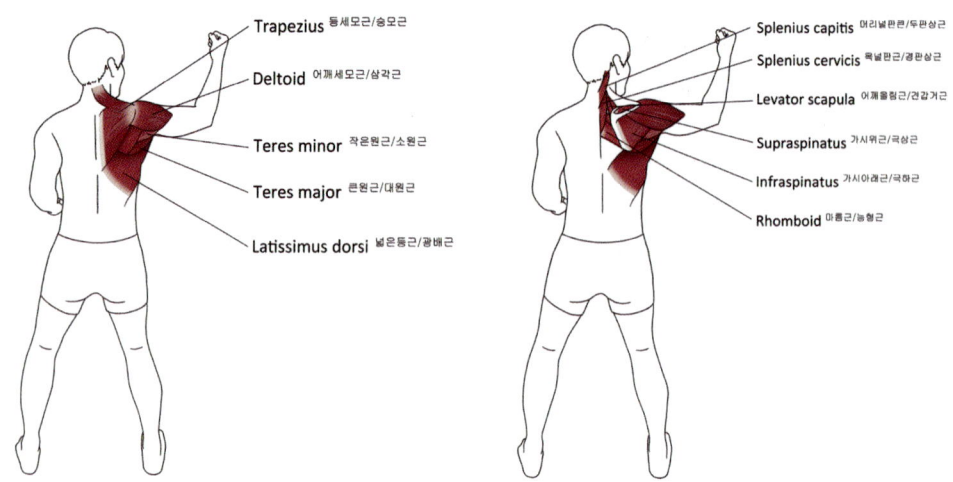

　얼굴옆막기 시 견갑골의 후인 동작은 가슴을 펴게 하고(흉곽 확장) 상완의 수평외전과 외회전의 작용으로 견갑골의 내측(척추연)과 하각을 척추 방향으로 밀어주는 작용을 한다.

　또한 약 30° 상방 회전된 상태의 후인작용으로 흉곽 하부를 펴는 효과가 있음과 동시에 축성신전하게 한다. 이런 작용 덕분에 굽은 등이 펴지는 효과를 가져온다.

　둥근 어깨는 견갑대의 전인과 상완의 내회전이 가속화되어 발생하는 자세 패턴이다. 얼굴옆막기는 견갑골의 후인 시 승모근 중부섬유, 상완의 외회전 시 삼각근 후부섬유와 극상근, 극하근, 소원근을 활성화시켜 둥근 어깨를 교정하는 효과적인 동작이다.

4) 인체에 미치는 효과

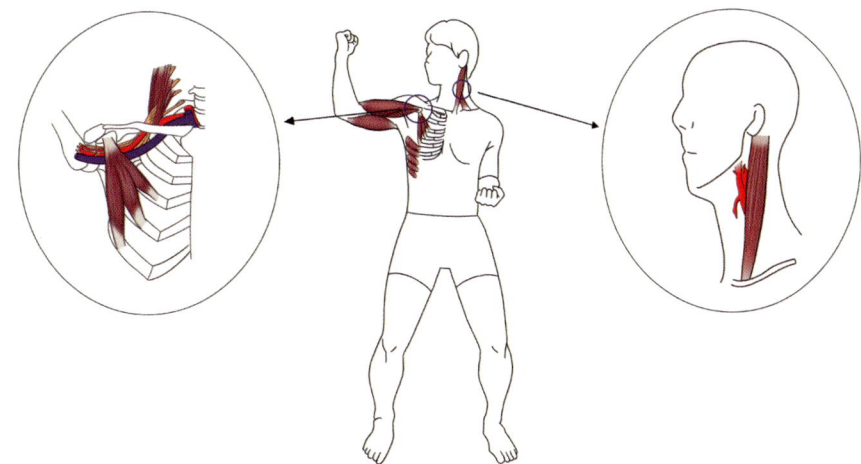

(1) 흉쇄유돌근의 활성화로 경동맥의 흐름을 촉진하여 뇌로의 혈액공급을 촉진시킨다.(집중력 향상, 어지러움증, 이명, 뇌출혈, 뇌 경색, 치매 등 예방 및 개선 효과)

(2) 사각근의 활성화로 견갑상신경, 견갑배신경, 장흉신경의 활성화를 가져온다.
(가슴 앞, 팔 저림 증상, 손 저림 증상의 예방 및 개선효과)

(3) 소흉근의 활성화로 쇄골 아래로 위치한 쇄골하동맥과 상완신경의 흐름을 촉진시킨다.(흉곽출구증후군, 팔 저림 증상, 손 저림 증상 개선효과)

(4) 흉곽을 확장시켜 심폐기능을 향상시킨다.

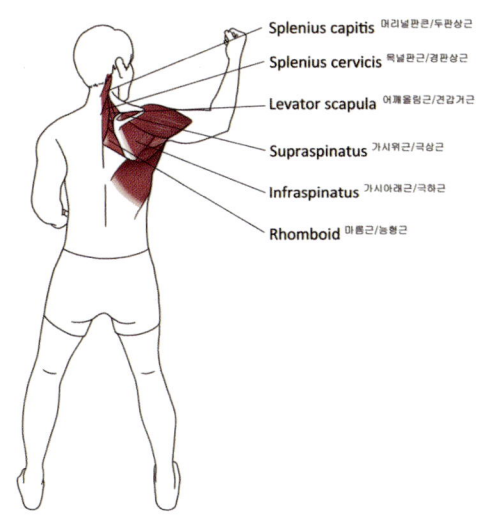

(5) 상완의 외회전근육 활성화로 회전근 손상을 예방한다.(오십견 예방)

<얼굴(올려)옆막기>

1) 운동 방법

① 준비 자세

② 막는 손은 옆구리에서 손등이 아래로 향하게 하고, 반대 손은 쇄골 밑에서 손등이 위로 향하게 자세를 취한다.

③ 막는 손은 옆구리에서부터 가슴, 얼굴을 지나서 막는다.

④ plus 동작 - 팔꿈치는 고정시킨 상태에서 주먹을 뒤쪽으로 보낸다.

2) 운동 빈도

사진 ②~④까지 10회 좌, 우 반복 3set

3) 동작 시 유의사항

- 가슴을 굽히거나 너무 펴지 않도록 (가슴우리가 들리지 않게) 주의한다.
- 고개가 과하게 앞으로 빠지지 않게 턱을 당겨주며, 좌우 기울기 균형을 맞춘다.

4) 유사 동작

얼굴(올려)거들어 옆막기 / 산틀막기 / 외산틀막기

2 산틀막기

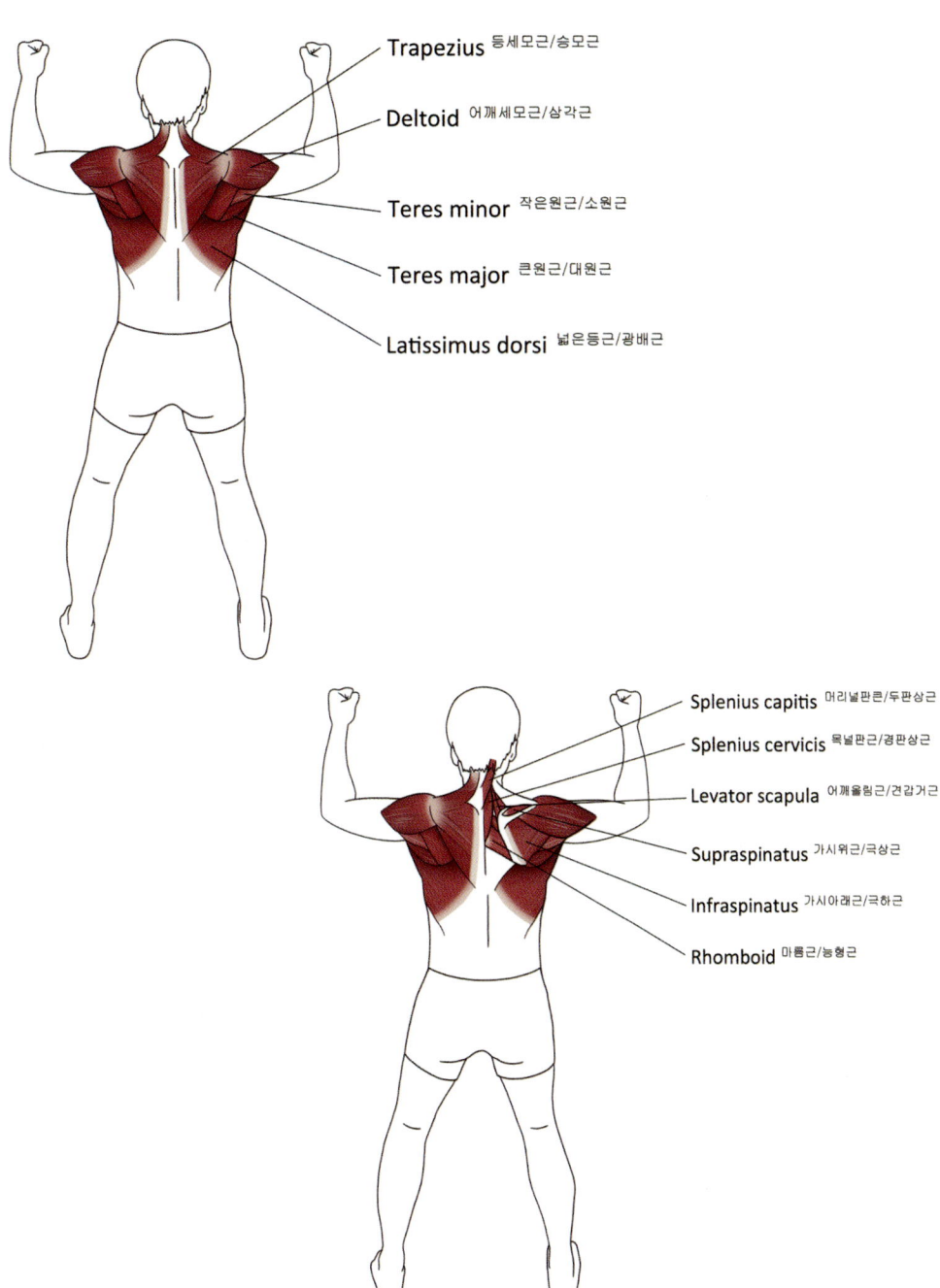

III. 경추와 상지의 해부학 | 89

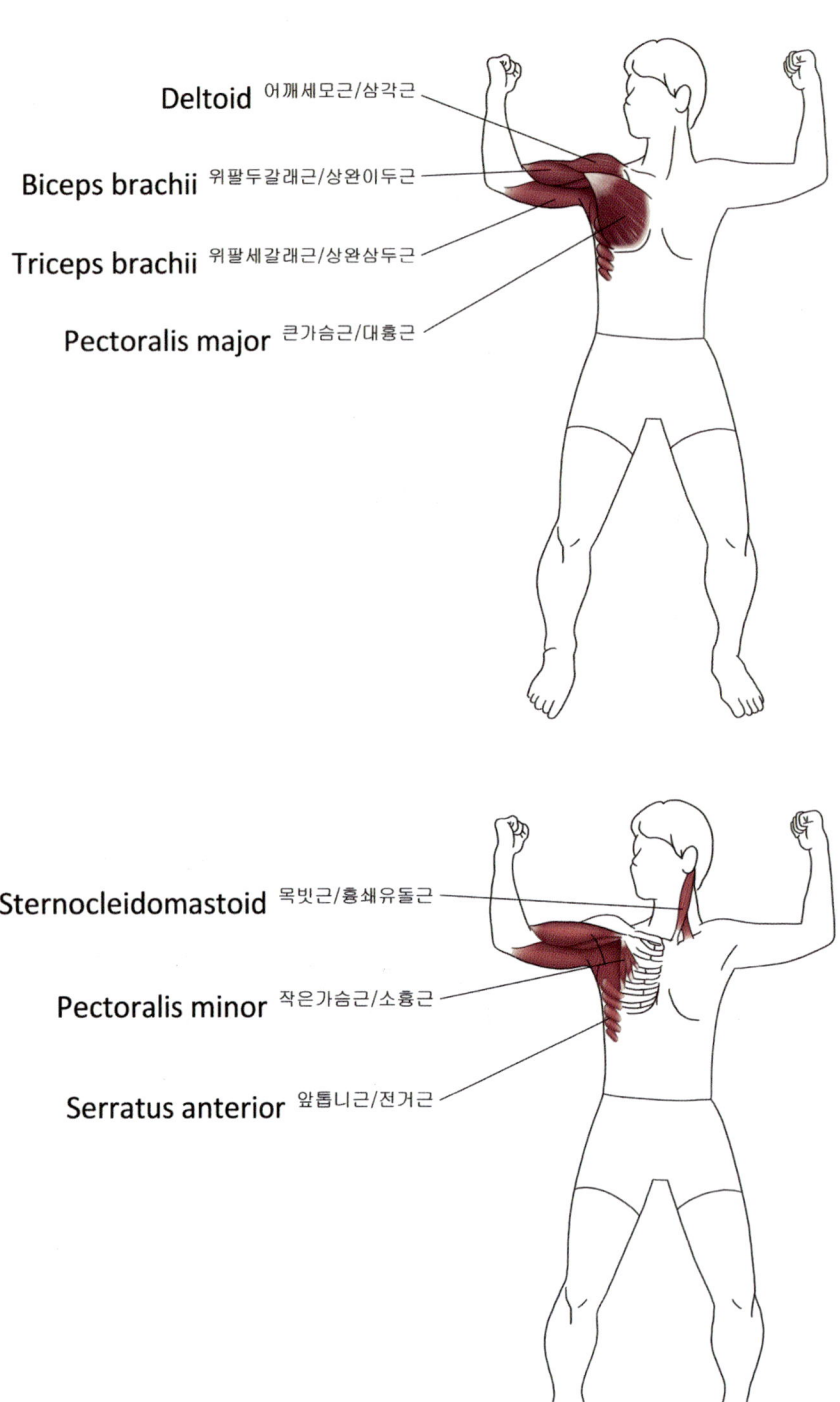

※ 산틀막기 동작의 해부학적 관절 작용과 관련 근육은 아래와 같다.

Joint 관절		Action 작용	Muscle 근육
Head & Neck 머리·목/두경부		Rotation 돌림/회전	Splenius capitis 머리널판근/두판상근 Splenius cervicis 목널판근/경판상근
		Rotation 돌림/회전(반대측)	Sternocleidomastoid 목빗근/흉쇄유돌근
		Stabilization 경추의 안정화	Scalenes 목갈비근/사각근
Shoulder 어깨/견관절	Scapula 어깨뼈/견갑골	Elevation 올림/거상	Upper trapezius 위쪽등세모근/상부승모근 Levator scapula 어깨올림근/견갑거근
		Retraction 들임/후인	Middle trapezius 중간등세모근/중부승모근 Rhomboid 마름근/능형근
		Upward rotation 위쪽돌림/상방회전	Upper trapezius 위쪽등세모근/상부승모근 Lower trapezius 아래쪽등세모근/하부승모근 Serratus anterior 앞톱니근/전거근
	Humerus 위팔뼈/상완골	Horizontal abduction 수평벌림/수평외전	Posterior deltoid 뒤쪽어깨세모근/후면삼각근
		Abduction 벌림/외전	Supraspinatus 가시위근/극상근 Middle deltoid 중간어깨세모근/중부삼각근
		External rotation 바깥돌림/외회전	Posterior deltoid 뒤쪽어깨세모근/후면삼각근 Infraspinatus 가시아래근/극하근 Teres minor 작은원근/소원근
Elbow 팔꿈치/주관절	Ulna 자뼈/척골	Flexion 굽힘/굴곡	Biceps brachii 위팔두갈래근/상완이두근 Brachialis 위팔근/상완근 Brachioradialis 위팔노근/상완요골근 Pranator teres 원엎침근/원회내근
	Radius 노뼈/요골	Supination 뒤침/회외	Biceps brachii 위팔두갈래근/상완이두근 Supinator 뒤침근/회외근

1) 경추의 회전성변위 교정

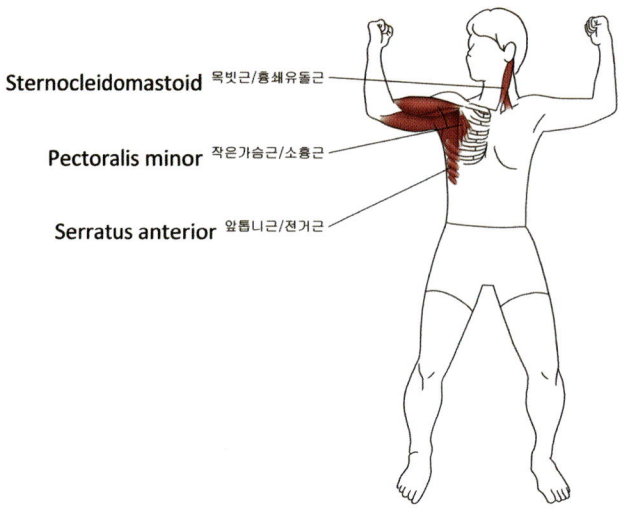

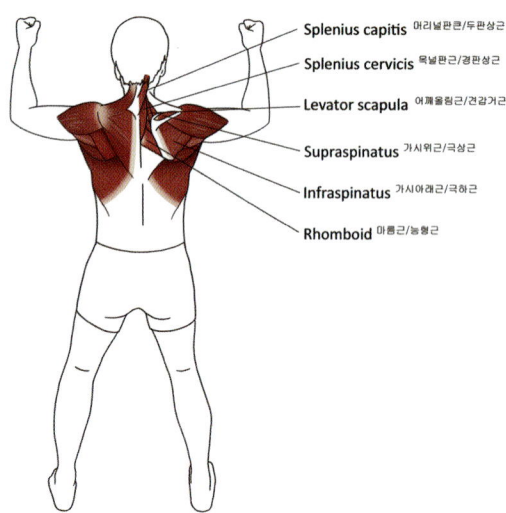

얼굴옆막기의 양손 동작으로 시선의 방향에 따라 경추의 측면하방회전변위 교정에 효과적인 동작이다.

2) 어깨높이 교정

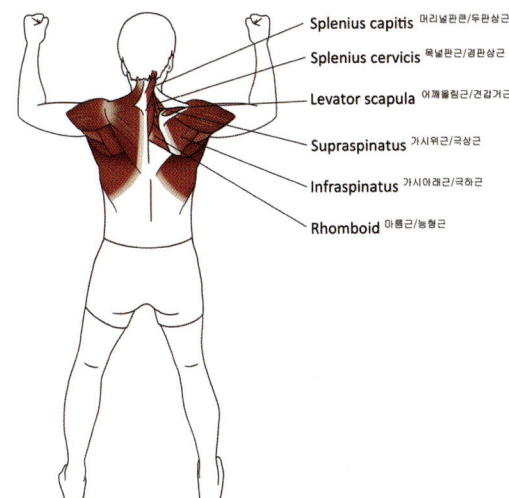

얼굴옆막기의 양손 동작으로 시선의 방향이 낮은 쪽 어깨로 향하게 하여 수련하면 하방변위된 어깨교정에 효과적이다.

3) 굽은 등, 둥근 어깨 교정

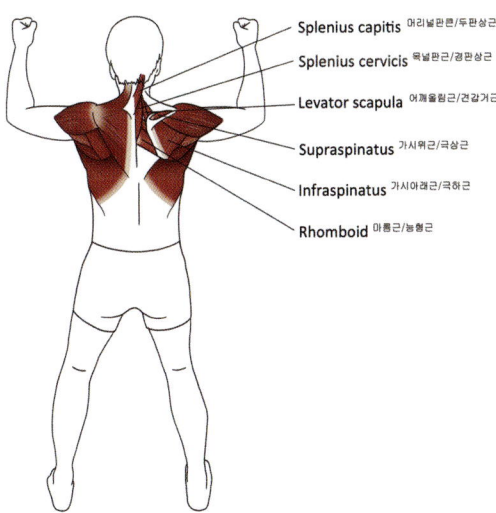

얼굴옆막기의 양손 동작으로 좌·우 측 번갈아가며 실시하는 것보다 좌우 동시에 실시하기 때문에 얼굴옆막기 동작보다 높은 효과가 있을 것으로 판단된다.

4) 인체에 미치는 효과

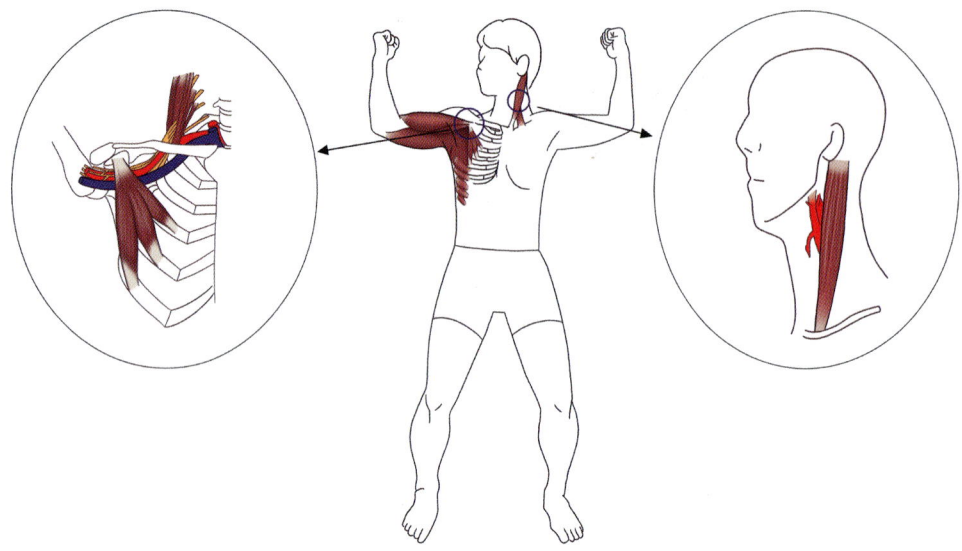

(1) 흉쇄유돌근의 활성화로 경동맥의 흐름을 촉진하여 뇌로의 혈액공급을 촉진시킴
 (집중력 향상, 어지러움증, 이명, 뇌출혈, 뇌경색, 치매 등 예방 및 개선 효과)
(2) 사각근의 활성화로 견갑상신경, 견갑배신경, 장흉신경의 활성화를 가져옴
 (가슴 앞의 팔 저림 증상, 손 저림 증상의 예방 및 개선효과)
(3) 소흉근의 활성화로 쇄골 아래에 위치한 쇄골하동맥과 상완신경의 흐름을
 촉진 시킨다.(흉곽출구증후군, 팔 저림 증상, 손 저림 증상 개선효과)
(4) 흉곽을 확장시켜 심폐기능을 향상시킨다.

<산틀막기>

1) 운동 방법

① 준비 자세

② 두 손을 가슴 앞에서 교차시킨다.

③ 얼굴까지 올려 두 손 모두 손등이 바깥쪽으로 향하게 얼굴 옆으로 막는다. 이때, 높이는 손목이 눈앞에 오도록 한다.

④ plus 동작 - 팔꿈치는 고정시킨 상태에서 양 주먹을 뒤쪽으로 보낸다.

①  ②  ③  ④

2) 운동 빈도

사진 ②~④까지 10회 3set

3) 동작 시 유의사항

- 가슴을 굽히거나 너무 펴지 않도록 (가슴우리가 들리지 않게) 주의한다.
- 고개가 과하게 앞으로 빠지지 않게 턱을 당겨주며, 좌우 기울기 균형을 맞춘다.

4) 유사 동작

얼굴(올려) 옆막기

외산틀막기

얼굴(올려) 거들어 옆막기

3 팔굽옆치기

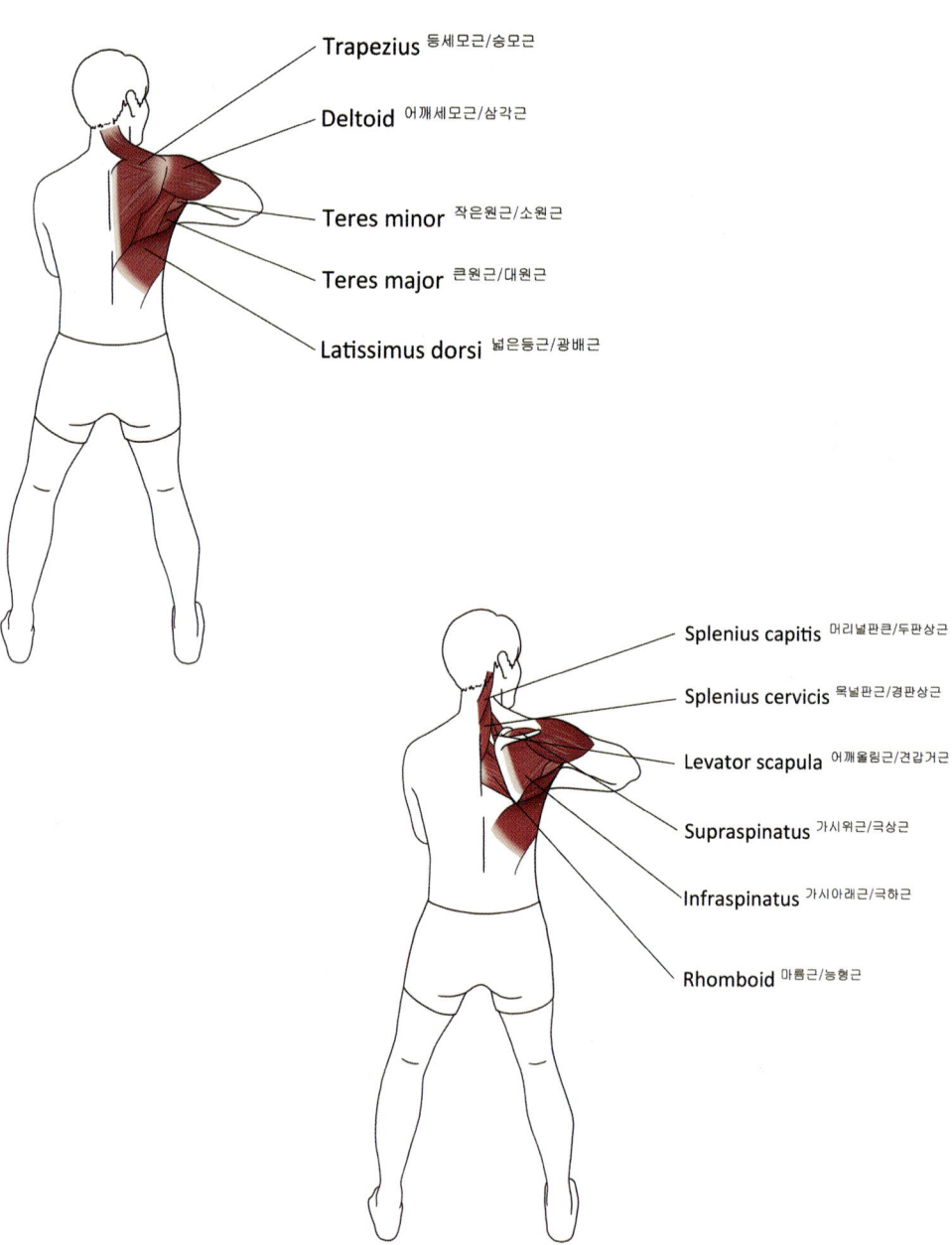

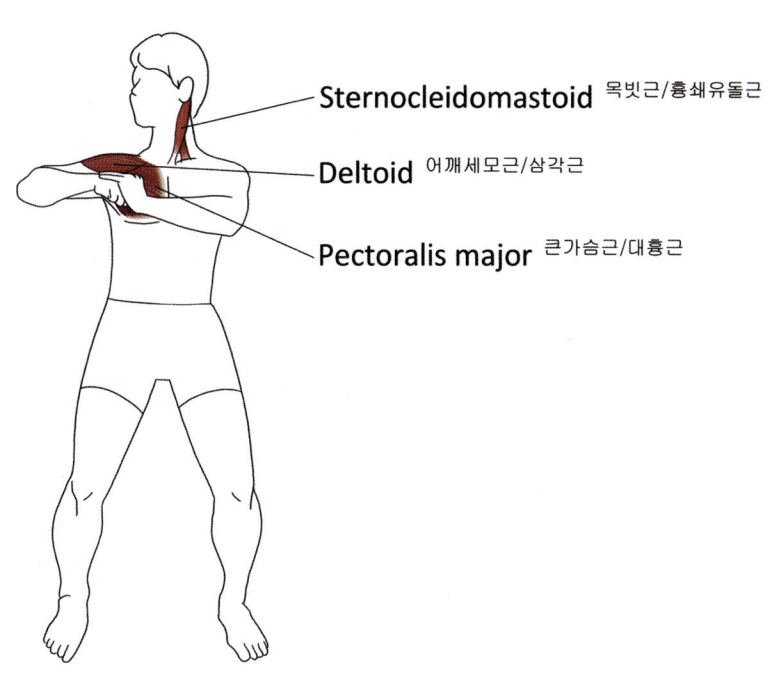

※ 팔굽옆치기 동작의 해부학적 관절 작용과 관련 근육은 아래와 같다.

Joint 관절		Action 작용	Muscle 근육
Head & Neck 머리 · 목/두경부		Rotation 돌림/회전	Splenius capitis 머리널판근/두판상근 Splenius cervicis 목널판근/경판상근
		Rotation 돌림/회전(반대측) Lateral flexion 가쪽굽힘/측면굴곡	Sternocleidomastoid 목빗근/흉쇄유돌근
		Stabilization 경추의 안정화	Scalenes 목갈비근/사각근
Shoulder 어깨/견관절	Scapula 어깨뼈/견갑골	Retraction 들임/후인	Middle trapezius 중간등세모근/중부승모근 Rhomboid 마름근/능형근
		Upward rotation 위쪽돌림/상방회전	Upper trapezius 위쪽등세모근/상부승모근 Lower trapezius 아래쪽등세모근/하부승모근 Serratus anterior 앞톱니근/전거근
	Humerus 위팔뼈/상완골	Internal rotation 안쪽돌림/내회전	Anterior deltoid 앞쪽어깨세모근/전면삼각근 Pectoralis major 큰가슴근/대흉근 Subscapularis 어깨밑근/견갑하근 Latissimus dorsi 넓은등근/광배근 Teres major 큰원근/대원근
		Horizontal abduction 수평벌림/수평외전	Posterior deltoid 뒤쪽어깨세모근/후면삼각근
Elbow 팔꿈치/주관절	Ulna 자뼈/척골	Flexion 굽힘/굴곡	Biceps brachii 위팔두갈래근/상완이두근 Brachialis 위팔근/상완근 Brachioradialis 위팔노근/상완요골근 Pronator teres 원엎침근/원회내근
	Radius 노뼈/요골	Pronation 엎침/회내	Pronator teres 원엎침근/원회내근 Pronator quadratus 네모엎침근/방형회내근

1) 경추의 회전성변위 교정

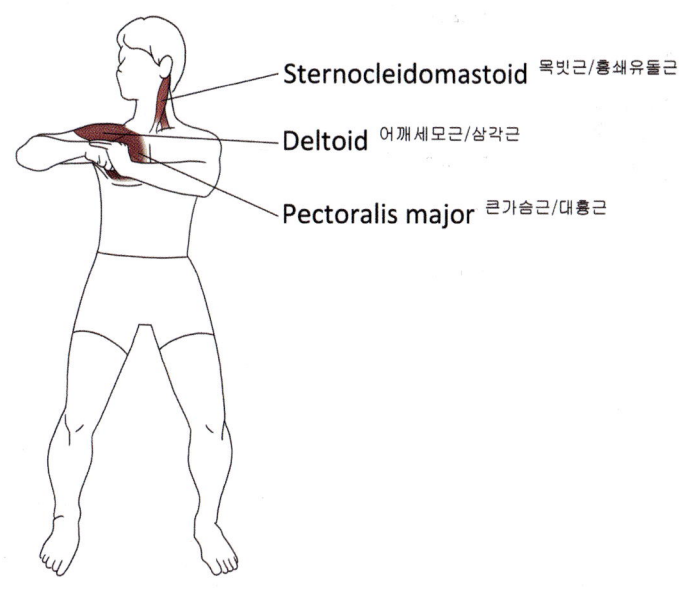

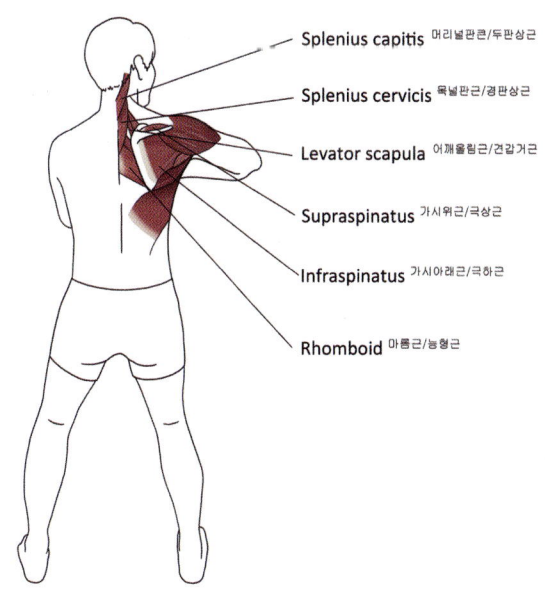

우측 팔꿈옆치기의 시선은 우측 팔꿈치를 향한다. 때문에 우측의 목 뒤 근육인 두·경판상근과 반대쪽 측면 근육인 흉쇄유돌근이 강화되어 좌측으로 수평회전변위된 경추의 교정 동작으로 효과적인 동작이다.

2) 어깨높이 교정

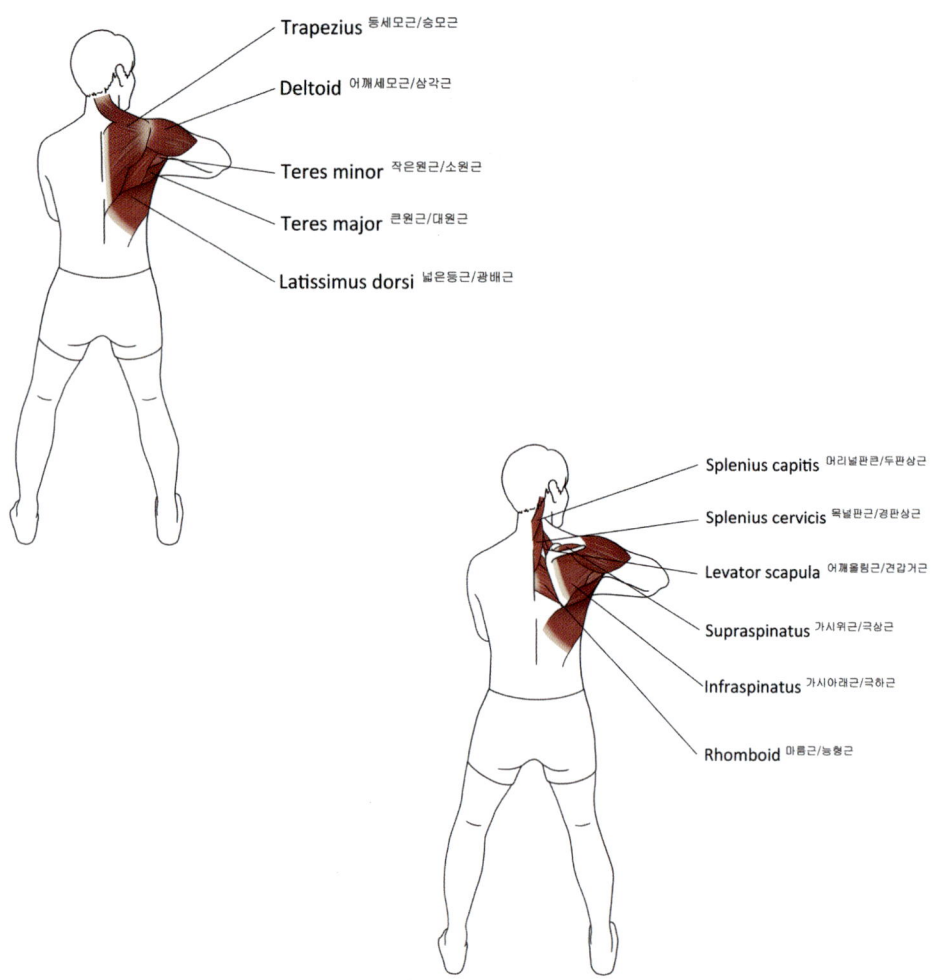

　팔굽옆치기 동작은 견갑골 후인과 상방회전 상완의 수평외전의 움직임을 하여 둥근 어깨를 교정하는 작용을 한다.

　팔굽옆치기 동작의 근육작용은 승모근 중부섬유와 능형근의 단축으로 견갑골을 후인시키는 작용을 하여 둥근 어깨를 교정하는 작용을 하는데 둥근 어깨는 대부분 견갑골의 하강과 전인의 움직임으로 발생하는 현상이다. 팔굽옆치기 동작 시 후인의 움직임은 승모근 중부 섬유의 단축으로 견갑골을 뒤로(척추 방향) 당기고, 능형근의 단축으로 약간 상방으로 단축하여 견갑골이 하강전인되어 생긴 둥근 어깨 교정에 효과적인 동작이다.

3) 좌·우 같이 수련 시 굽은 등 교정

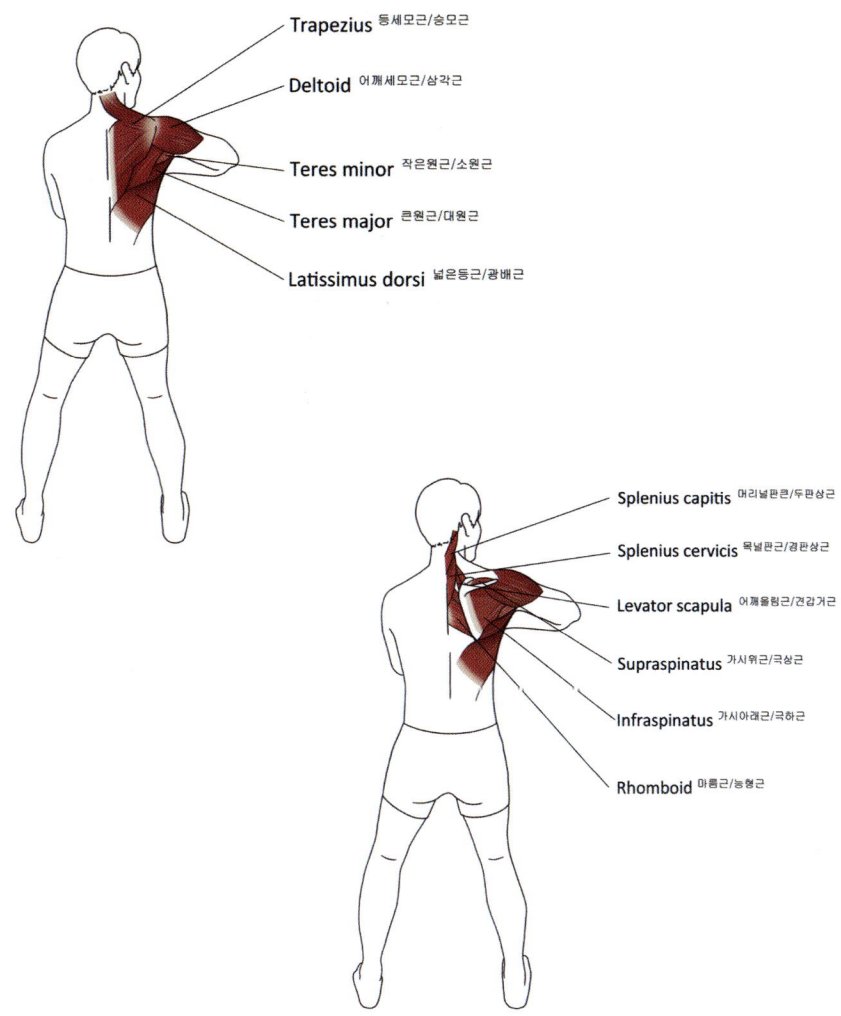

팔굽옆치기 시 주된 동작은 가슴을 펴게 하고(흉곽 확장) 상완의 수평외전의 작용으로 견갑골 내측(척추연)을 척추 방향으로 밀어주는 작용을 한다. 또한 견갑골이 약 25° 상방회전 된 상태의 후인작용으로 흉추 중부를 펴는 효과를 가져옴과 동시에 축성신전하게 해준다. 이런 작용 덕분에 굽은 등이 펴지는 효과를 가져온다.

4) 인체에 미치는 효과

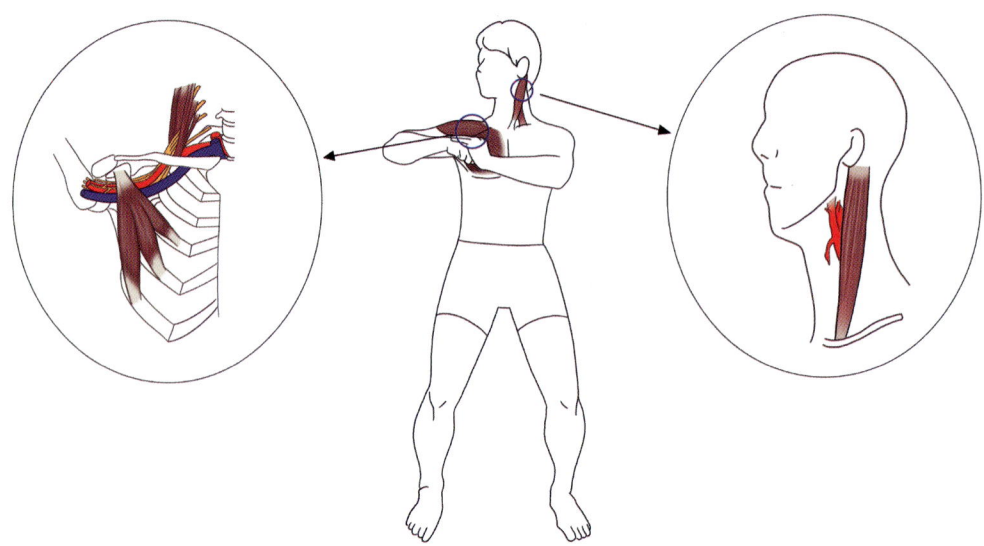

(1) 흉쇄유돌근의 활성화로 경동맥의 흐름을 촉진하여 뇌로의 혈액공급을 촉진시킴(집중력 향상, 어지러움증, 이명, 뇌출혈, 뇌경색, 치매 등 예방 및 개선 효과)
(2) 사각근의 활성화로 견갑상신경, 견갑배신경, 장흉신경의 활성화를 가져옴(가슴 앞의 팔 저림 증상, 손 저림 증상의 예방 및 개선효과)

<팔굽옆치기>

1) 운동 방법

① 준비 자세

② 양손을 한쪽 가슴 앞에서 공격하는 손은 주먹을 쥐고, 반대 손은 손가락을 모두 붙여서 반대 손 주먹에 손바닥을 붙인다.

③ 반대쪽 가슴 쪽으로 손바닥을 밀어서 친다.

2) 운동 빈도

사진 ②~③까지 10회 좌, 우 반복 3set

3) 동작 시 유의사항

- 어깨 기울기를 수평으로 맞추며, 가슴높이 수평방향 옆으로 친다.
- 고개가 과하게 앞으로 빠지지 않게 턱을 당겨주며, 좌·우 기울기 균형을 맞춘다.
- 치는 팔이 과도하게 뒤로 가지 않게 치는 팔의 주먹위치가 가슴 앞에 있어야 한다.

4) 유사 동작

멍에치기

4 멍에치기

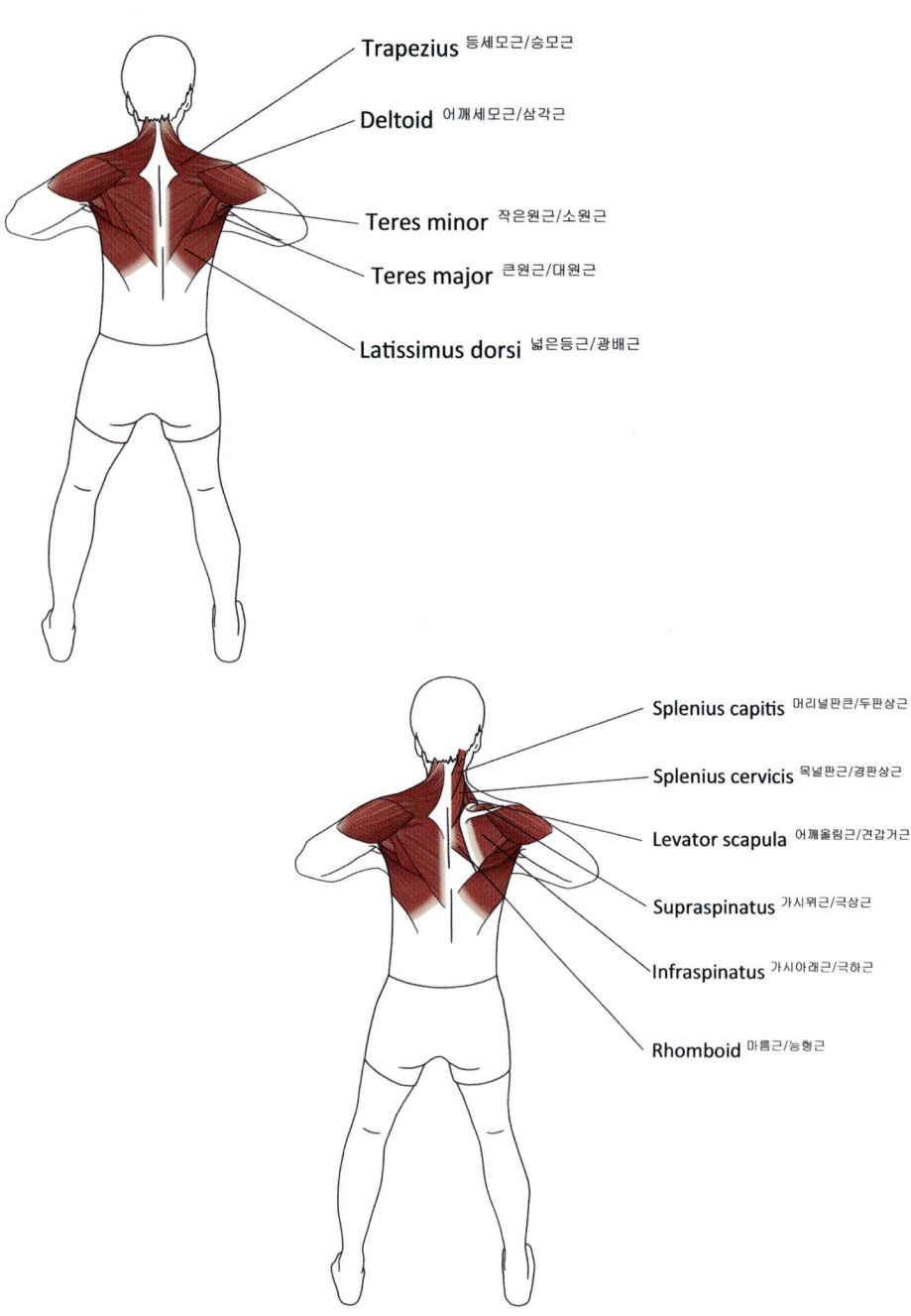

Sternocleidomastoid 목빗근/흉쇄유돌근
Deltoid 어깨세모근/삼각근
Pectoralis major 큰가슴근/대흉근

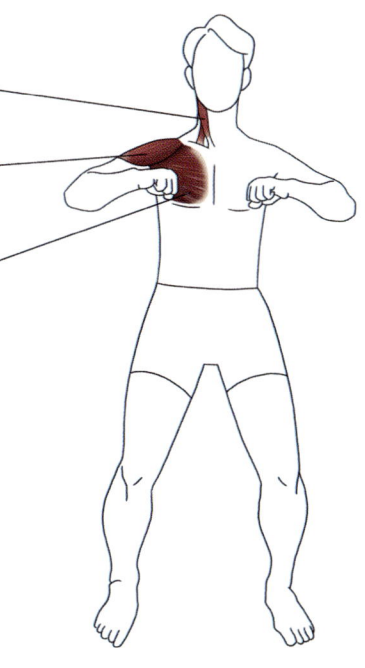

※ **멍에치기 동작의 해부학적 관절 작용과 관련 근육은 아래와 같다.**

Joint 관절		Action 작용	Muscle 근육
Head & Neck 머리 · 목/두경부		Extension 폄/신전	Splenius capitis 머리널판근/두판상근 Splenius cervicis 목널판근/경판상근
		Flexion 굽힘/굴곡(양쪽)	Sternocleidomastoid 목빗근/흉쇄유돌근
		Stabilization 경추의 안정화	Scalenes 목갈비근/사각근
Shoulder 어깨/견관절	Scapula 어깨뼈/견갑골	Retraction 들임/후인	Middle trapezius 중간등세모근/중부승모근 Rhomboid 마름근/능형근
		Upward rotation 위쪽돌림/상방회전	Upper trapezius 위쪽등세모근/상부승모근 Lower trapezius 아래쪽등세모근/하부승모근 Serratus anterior 앞톱니근/전거근
	Humerus 위팔뼈/상완골	Internal rotation 안쪽돌림/내회전	Anterior deltoid 앞쪽어깨세모근/전면삼각근 Pectoralis major 큰가슴근/대흉근 Subscapularis 어깨밑근/견갑하근 Latissimus dorsi 넓은등근/광배근 Teres major 큰원근/대원근
		Horizontal abduction 수평벌림/수평외전	Posterior deltoid 뒤쪽어깨세모근/후면삼각근
Elbow 팔꿈치/주관절	Ulna 자뼈/척골	Flexion 굽힘/굴곡	Biceps brachii 위팔두갈래근/상완이두근 Brachialis 위팔근/상완근 Brachioradialis 위팔노근/상완요골근 Pronator teres 원엎침근/원회내근
	Radius 노뼈/요골	Pronation 엎침/회내	Pronator teres 원엎침근/원회내근 Pronator quadratus 네모엎침근/방형회내근

1) 경추의 회전성변위 교정

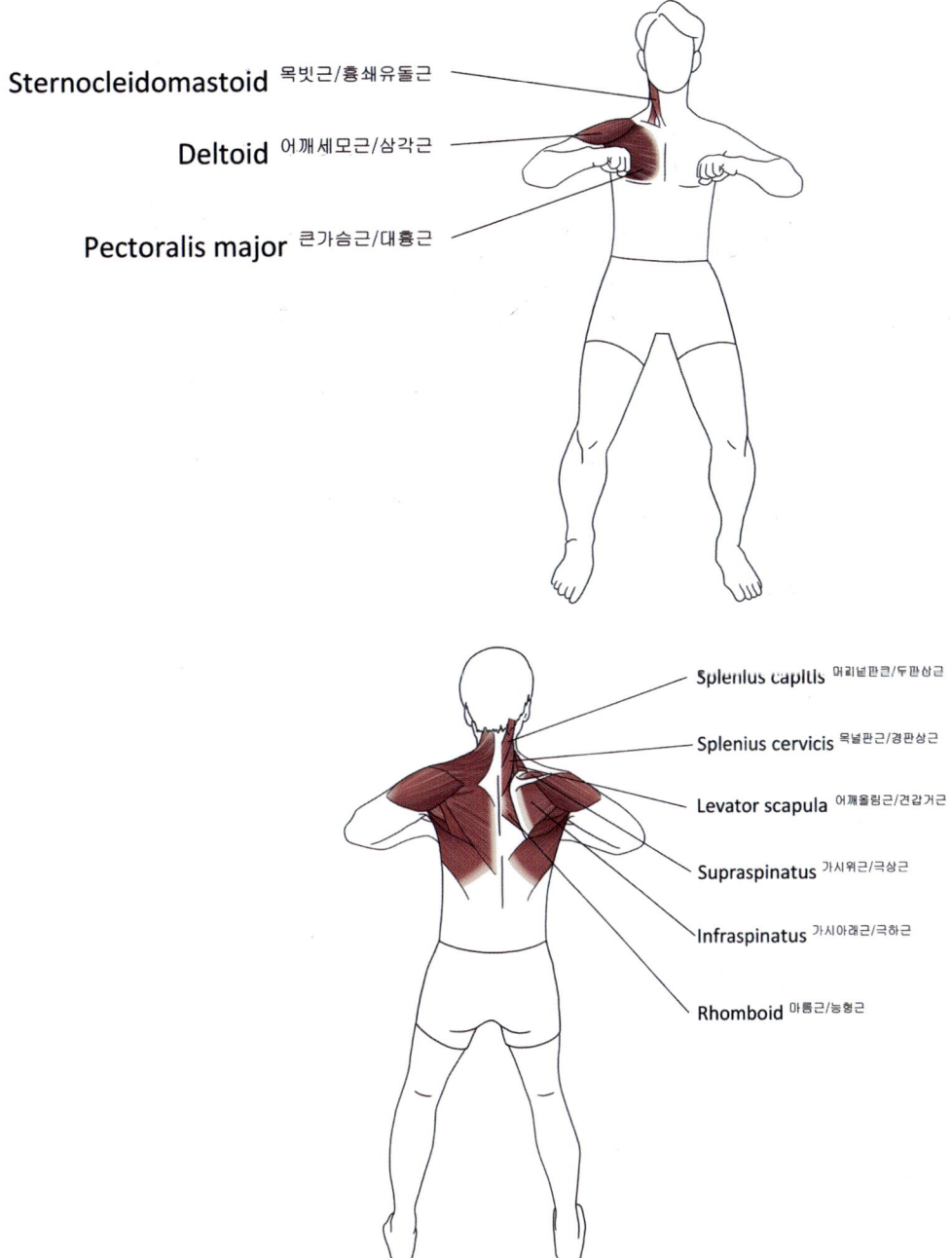

 멍에치기는 팔굽옆치기의 양손 동작으로 시선의 방향에 따라 경추의 수평회전변위 교정에 효과적인 동작이다.

2) 굽은 등, 둥근 어깨 교정

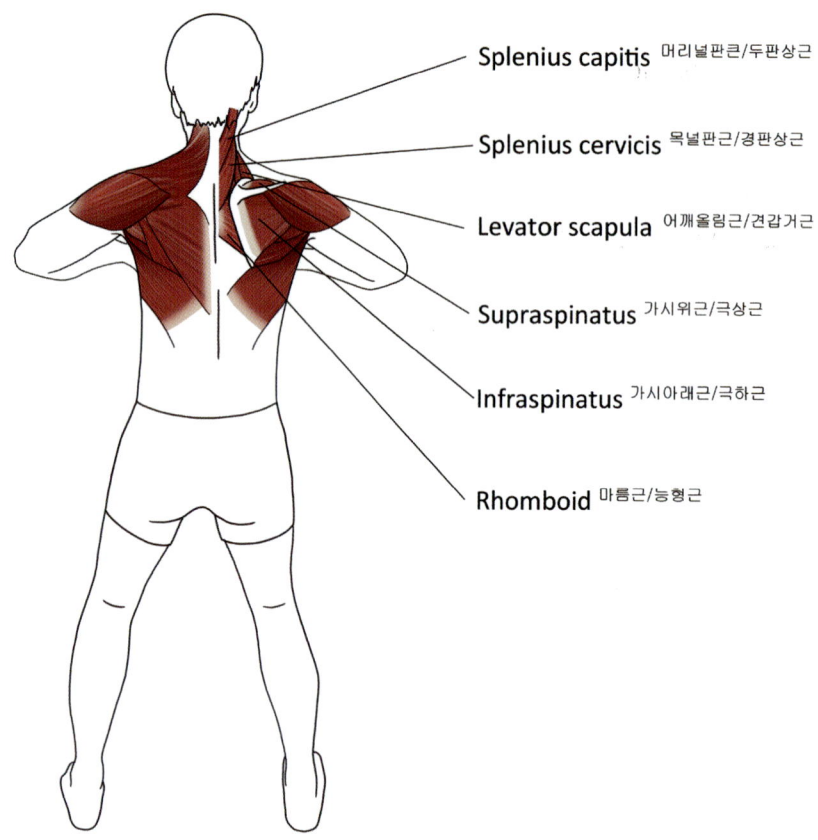

　멍에치기는 견갑대 내측(척추연)부위를 척추 방향으로 동시에 닫아주는 작용을 한다. 그로인해 흉추 중부를 축성신전시켜 굽은 등을 펴는데 효과적인 동작이다. 팔꿉 옆치기의 양손 동작으로 승모근 중부섬유와 능형근을 동시에 수축시켜 굽은 등 교정에 효과적인 동작이다.

3) 인체에 미치는 효과

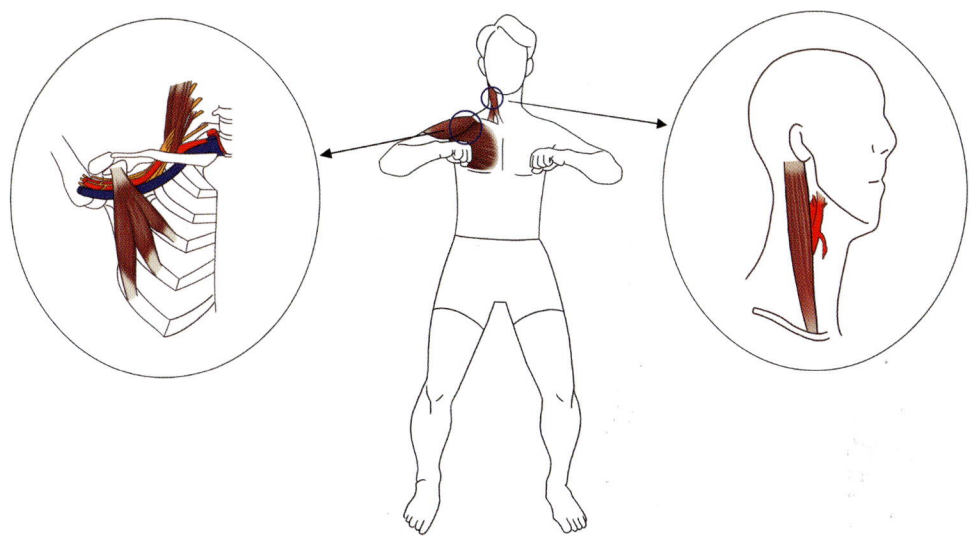

(1) 흉쇄유돌근의 활성화로 경동맥의 흐름을 촉진하여 뇌로의 혈액공급을 촉진시킨다. (집중력 향상, 어지러움증, 이명, 뇌출혈, 뇌경색, 치매 등 예방 및 개선 효과)

(2) 사각근의 활성화로 견갑상신경, 견갑배신경, 장흉신경의 활성화를 가져온다. (가슴 앞의 팔 저림 증상, 손 저림 증상의 예방 및 개선효과)

(3) 흉곽의 확장으로 심폐기능을 향상시킨다.

(4) 흉추 중부 부위의 축성신전으로 척추신경의 흐름을 활성화된다.

<멍에치기>

1) 운동 방법

① 준비 자세

② 양 주먹을 가슴 앞에서 교차시킨다.

③ 양 팔꿈치를 바깥으로 밀어친다. 이 때, 양 주먹은 가슴 앞에 위치한다.

2) 운동 빈도

사진 ②~③까지 10회 3set

3) 동작 시 유의사항

- 어깨가 올라가거나, 팔꿈치가 뒤로 넘어가지 않도록 주의한다.
- 좌우 기울기 균형을 맞추며, 가슴이 너무 펴지지 않도록 주의한다.
- 고개가 과하게 앞으로 빠지지 않게 턱을 당겨준다.

4) 유사 동작

팔굽옆치기

5 아래(내려)옆막기

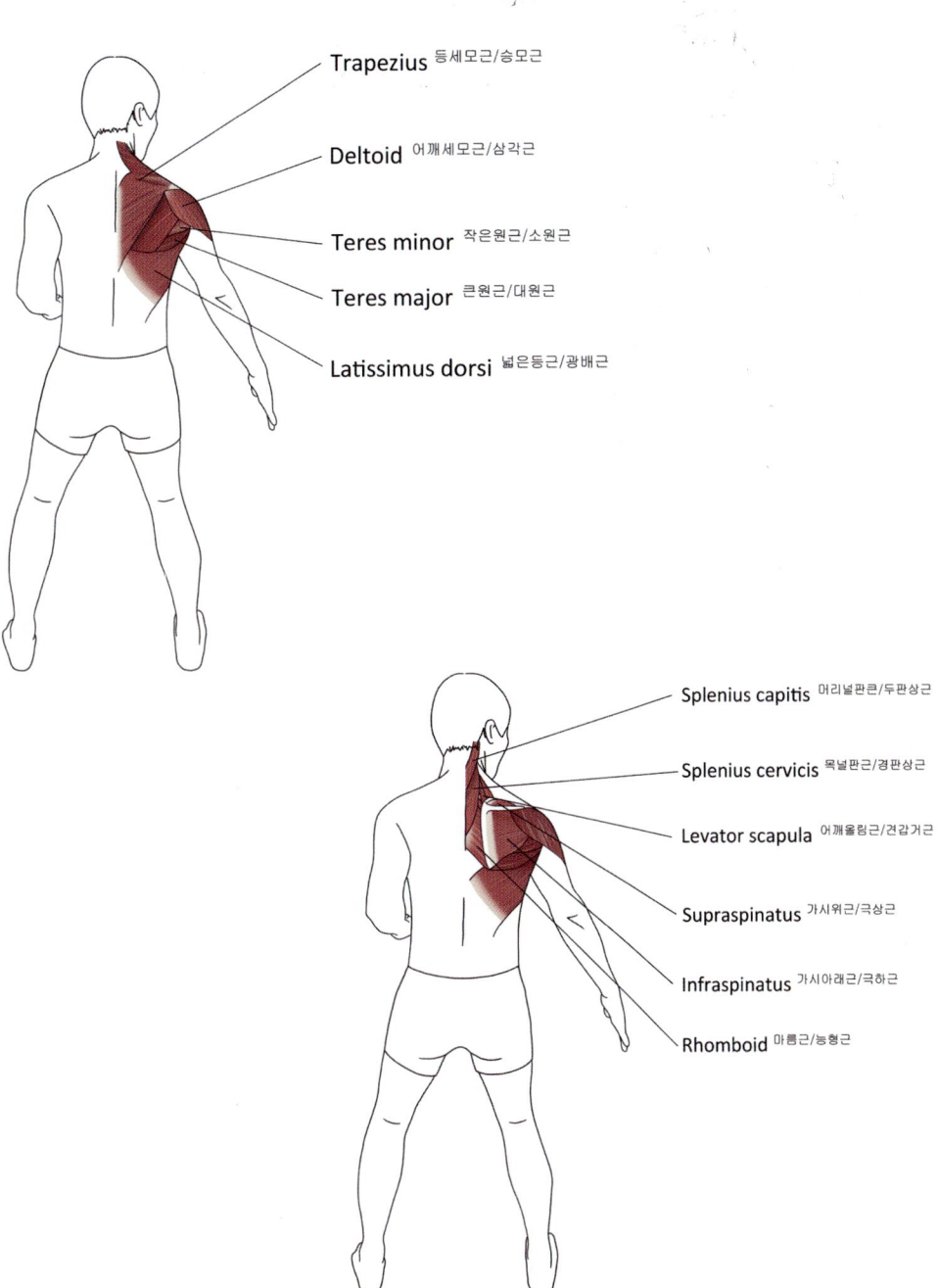

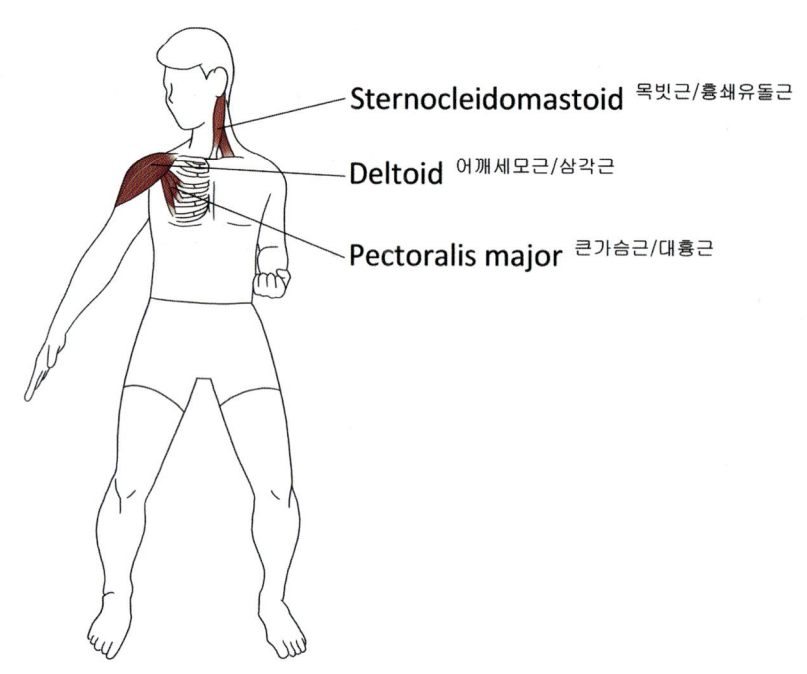

※ 아래(내려)옆막기 동작의 해부학적 관절 작용과 관련근육은 아래와 같다.

Joint 관절		Action 작용	Muscle 근육
Head & Neck 머리 · 목/두경부		Rotation 돌림/회전	Splenius capitis 머리널판근/두판상근 Splenius cervicis 목널판근/경판상근
		Rotation 돌림/회전(반대측) Lateral flexion 가쪽굽힘/측면굴곡	Sternocleidomastoid 목빗근/흉쇄유돌근
		Stabilization 경추의 안정화	Scalenes 목갈비근/사각근
Shoulder 어깨/견관절	Scapula 어깨뼈/견갑골	Depression 내림/하강	Pectoralis minor 작은가슴근/소흉근 Lower trapezius 아래쪽등세모근/하부승모근
		Retraction 들임/후인	Middle trapezius 중간등세모근/중부승모근 Rhomboid 마름근/능형근
		Downward rotation 아래쪽돌림/하방회전	Levator scapula 어깨올림근/견갑거근 Rhomboid 마름근/능형근 Pectoralis minor 작은가슴근/소흉근
	Humerus 위팔뼈/상완골	Internal rotation 안쪽돌림/내회전	Anterior deltoid 앞쪽어깨세모근/전면삼각근 Pectoralis major 큰가슴근/대흉근 Subscapularis 어깨밑근/견갑하근 Latissimus dorsi 넓은등근/광배근 Teres major 큰원근/대원근
		Horizontal abduction 가쪽벌림/수평외전과 Extension 폄/신전 사이	Posterior deltoid 뒤쪽어깨세모근/후면삼각근 Triceps brachii(long) 위팔세갈래근 긴갈래/상완삼두근 장두 Latissimus dorsi 넓은등근/광배근 Teres major 큰원근/대원근 Infraspinatus 가시아래근/극하근 Teres minor 작은원근/소원근
Elbow 팔꿈치/주관절	Ulna 자뼈/척골	Extension 폄/신전	Triceps brachii 위팔세갈래근/상완삼두근 Anconeus 팔꿈치근/주근
	Radius 노뼈/요골	Pronation 엎침/회내	Pronator teres 원엎침근/원회내근 Pronator quadratus 네모엎침근/방형회내근

III. 경추와 상지의 해부학

1) 경추의 회전성변위 교정

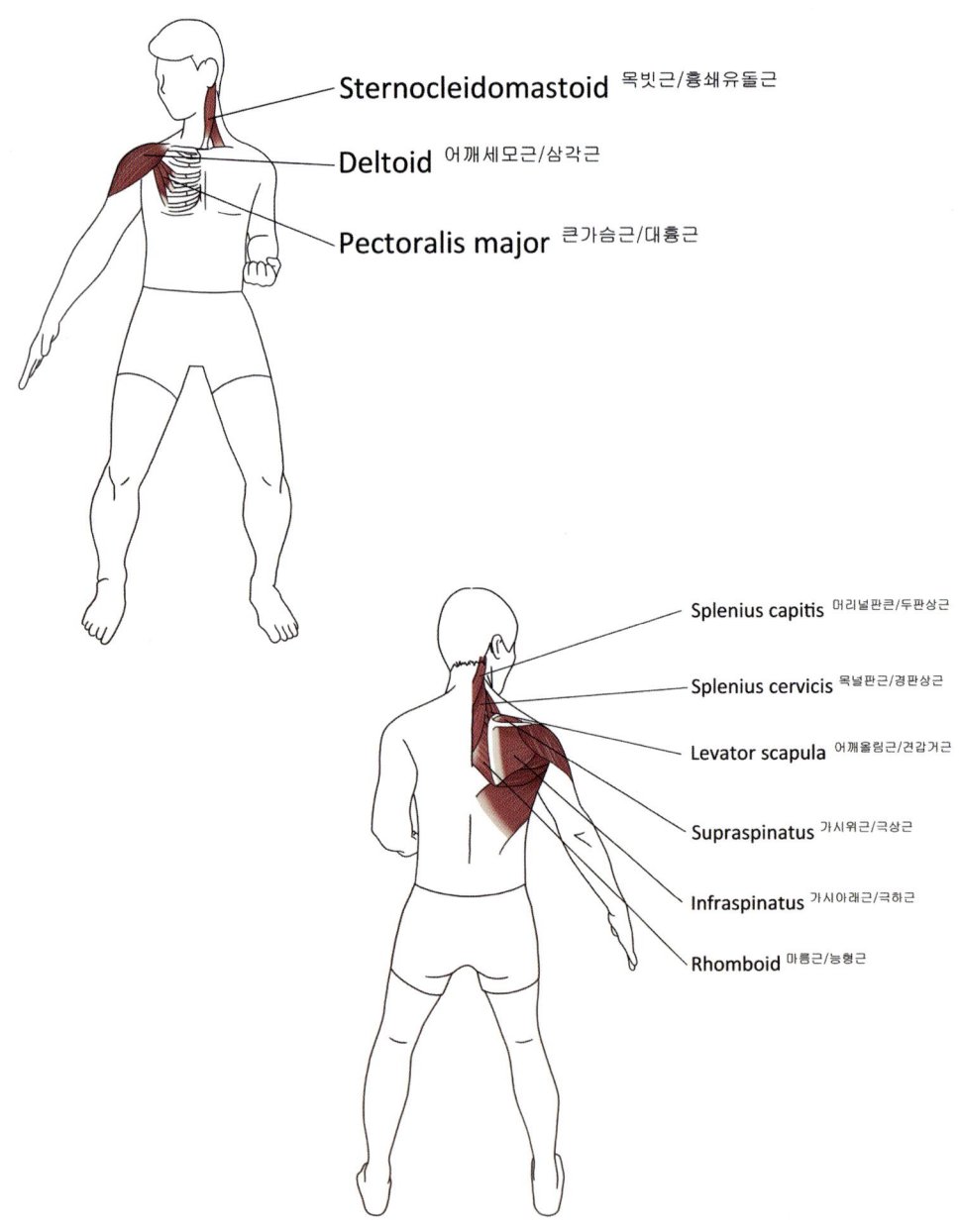

　우측 아래옆막기의 시선은 우측 손끝을 향한다. 때문에 우측의 목 뒤 근육인 두·경판상근과 반대쪽 측면 근육인 흉쇄유돌근이 사용되어 좌측 하방으로 측면회전변위된 경추의 교정동작으로 매우 효과적인 동작이다.

2) 어깨 높이 교정

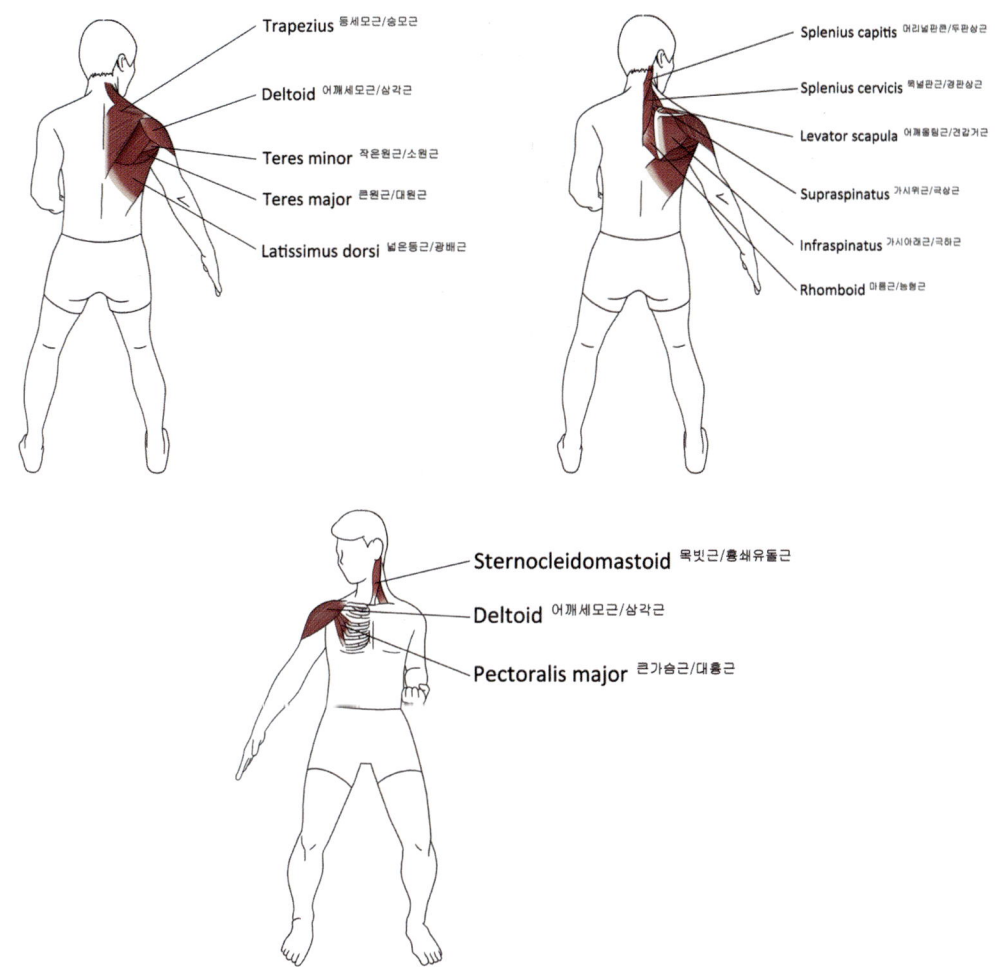

　아래옆막기 동작은 견갑골의 하강, 후인, 하방회전의 움직임과 상완의 신전 주관절의 신전과 회내 움직임을 하여 높은 어깨를 낮추는 작용을 한다. 아래옆막기의 근육작용은 소흉근과 하부승모근의 단축으로 견갑골을 하강시키고 능형근과 중부승모근의 단축으로 후인하고 소흉근, 견갑거근, 능형근의 단축으로 하방회전의 작용을 한다. 아래옆막기 동작 시 하강을 동반하는 후인작용으로 능형근의 활성화를 제한하고 하방회전의 움직임을 하고 있으나 동작의 끝이 표준자세보다 약간 외전된 상태이기 때문에 견갑골 하방회전근육인 견갑거근, 능형근, 소흉근의 활성화가 제한되어 견갑골의 상각 견봉이 동시에 내려가는 움직임인 하강을 하게 된다.

3) 인체에 미치는 효과

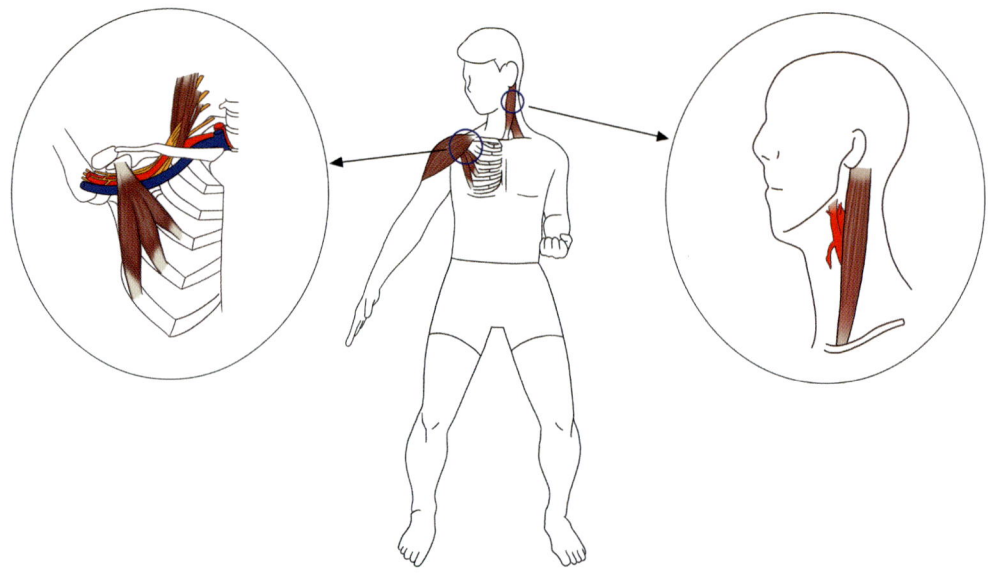

(1) 흉쇄유돌근의 활성화로 경동맥의 흐름을 촉진하여 뇌로의 혈액공급을 촉진시킨다.(집중력 향상, 어지러움증, 이명, 뇌출혈, 뇌경색, 치매 등 예방 및 개선 효과)
(2) 사각근의 활성화로 견갑상신경, 견갑배신경, 장흉신경의 활성화를 가져온다. (가슴 앞의 팔 저림 증상, 손 저림 증상의 예방 및 개선효과)
(3) 스트레스로 경직된 승모근 상부의 이완으로 피로감을 해소한다.
(4) 긴장성 두통의 중요한 원인근으로 경직된 승모근 이완은 두통 예방에 효과적이다.

<아래(내려)옆막기>
1) 운동 방법
　① 준비 자세
　② 막는 손은 메주먹을 반대쪽 어깨에 위치하고, 반대 손은 밑으로 뻗어 손등이 막는 방향으로 향하게 자세를 취한다.
　③ 막는 손은 반대 손 팔을 스치듯 내려가 허벅지 옆을 막고 반대 손은 옆구리로 빠르게 당긴다.

2) 운동 빈도
　사진 ②~③까지 10회 좌, 우 반복 3set

3) 동작 시 유의사항
　- 팔이 옆선이 아닌 뒤로 넘어가거나 앞쪽에 있지 않도록 한다.
　- 가슴이 너무 펴지거나 배가 과하게 나오지 않도록 주의한다.
　- 팔의 각도가 외전 30도 이상 벌어지면 안된다.

4) 유사 동작
　외산틀막기(8장) / 손날 아래(내려)옆막기 / 손날 외산틀막기
　아래(내려) 헤쳐막기 / 금강막기

6 아래(내려)헤쳐막기

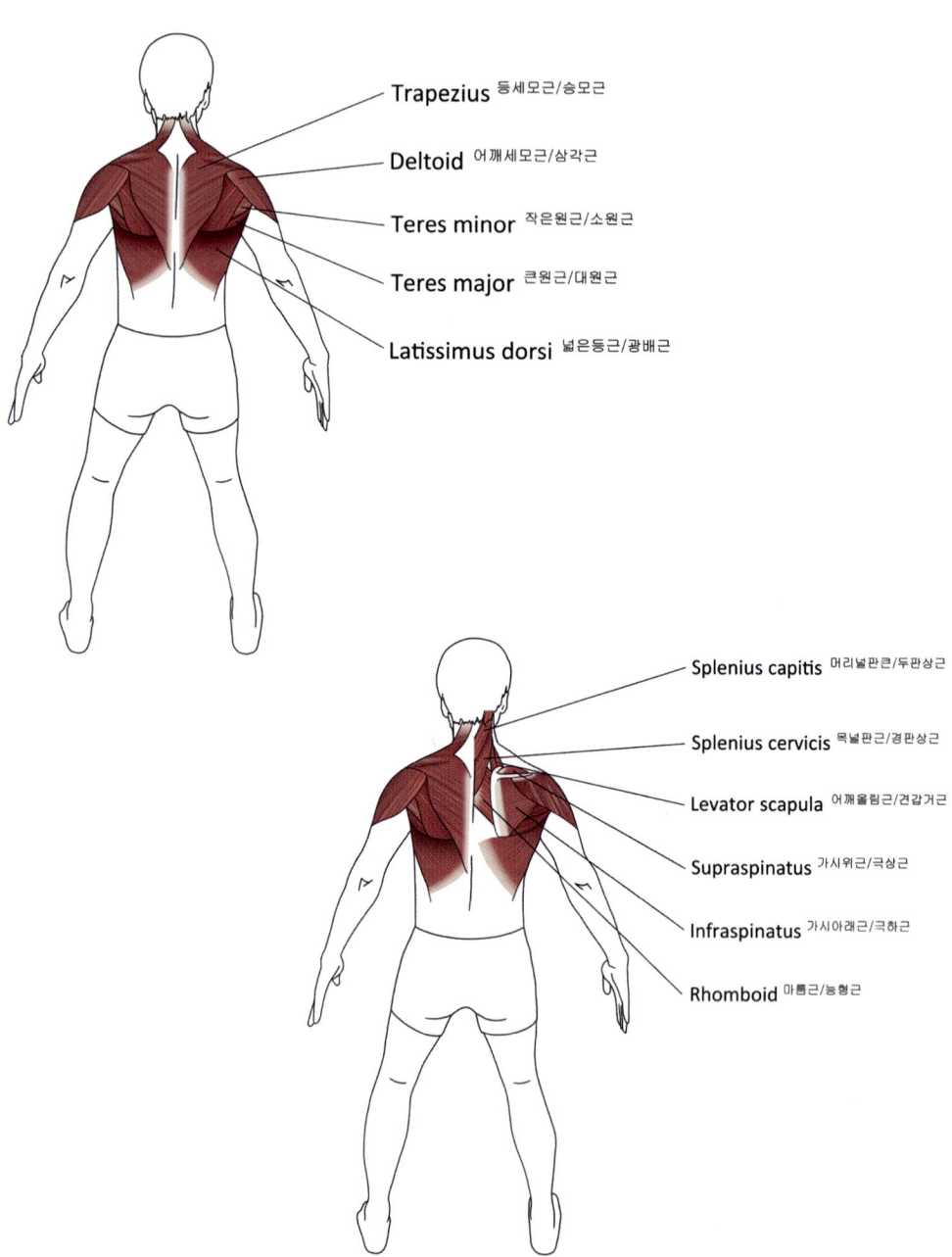

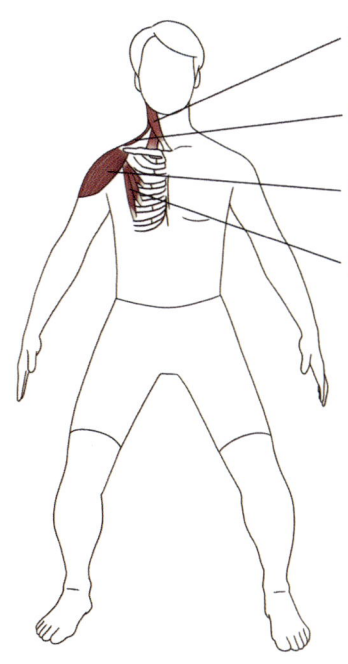

Sternocleidomastoid 목빗근/흉쇄유돌근

Upper trapezius 위등세모근/상부승모근

Deltoid 어깨세모근/삼각근

Pectoralis major 큰가슴근/대흉근

※ **아래(내려)헤쳐막기 동작의 해부학적 관절 작용과 관련 근육은 아래와 같다.**

Joint 관절		Action 작용	Muscle 근육
Head & Neck 머리·목/두경부		Extension 폄/신전	Splenius capitis 머리널판근/두판상근 Splenius cervicis 목널판근/경판상근
		Flexion 굽힘/굴곡(양쪽)	Sternocleidomastoid 목빗근/흉쇄유돌근
		Stabilization 경추의 안정화	Scalenes 목갈비근/사각근
Shoulder 어깨/견관절	Scapula 어깨뼈/견갑골	Depression 내림/하강	Pectoralis minor 작은가슴근/소흉근 Lower trapezius 아래쪽등세모근/하부승모근
		Retraction 들임/후인	Rhomboid 마름근/능형근 Middle trapezius 중간등세모근/중부승모근
		Downward rotation 아래쪽돌림/하방회전	Levator scapula 어깨올림근/견갑거근 Rhomboid 마름근/능형근 Pectoralis minor 작은가슴근/소흉근
	Humerus 위팔뼈/상완골	Internal rotation 안쪽돌림/내회전	Anterior deltoid 앞쪽어깨세모근/전면삼각근 Pectoralis major 큰가슴근/대흉근 Subscapularis 어깨밑근/견갑하근 Latissimus dorsi 넓은등근/광배근 Teres major 큰원근/대원근
		Extension 폄/신전	Triceps brachii(long) 위팔세갈래근 긴갈래/상완삼두근 장두 Posterior deltoid 뒤쪽어깨세모근/후면삼각근 Teres minor 작은원근/소원근 Teres major 큰원근/대원근 Latissimus dorsi 넓은등근/광배근 Infraspinatus 가시아래근/극하근
Elbow 팔꿈치/주관절	Ulna 자뼈/척골	Extension 폄/신전	Triceps brachii 위팔세갈래근/상완삼두근 Anconeus 팔꿈치근/주근
	Radius 노뼈/요골	Pronation 엎침/회내	Pronator teres 원엎침근/원회내근 Pronator quadratus 네모엎침근/방형회내근

1) 어깨 높이 교정

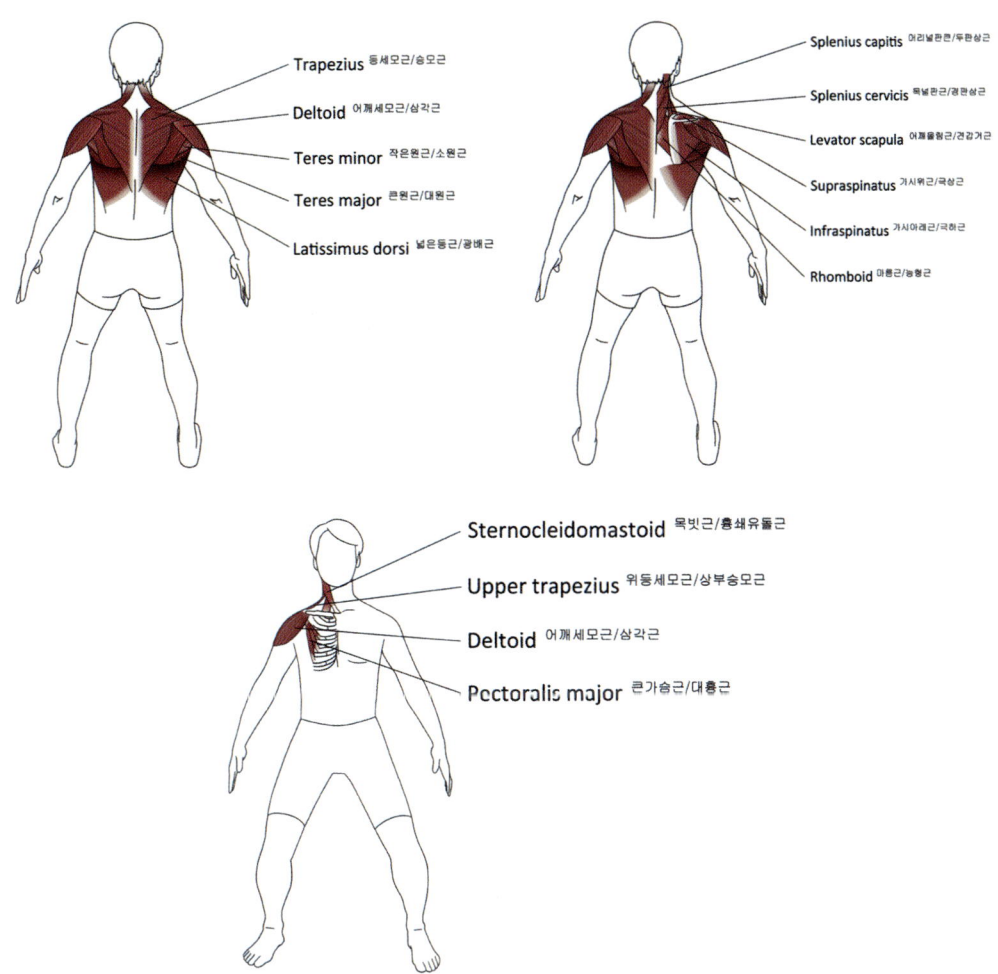

아래헤쳐막기의 관절 작용과 근육 작용은 아래옆막기와 거의 동일하다. 때문에 어깨 높이의 고정 효과는 아래옆막기와 동일하다.

2) 인체에 미치는 효과

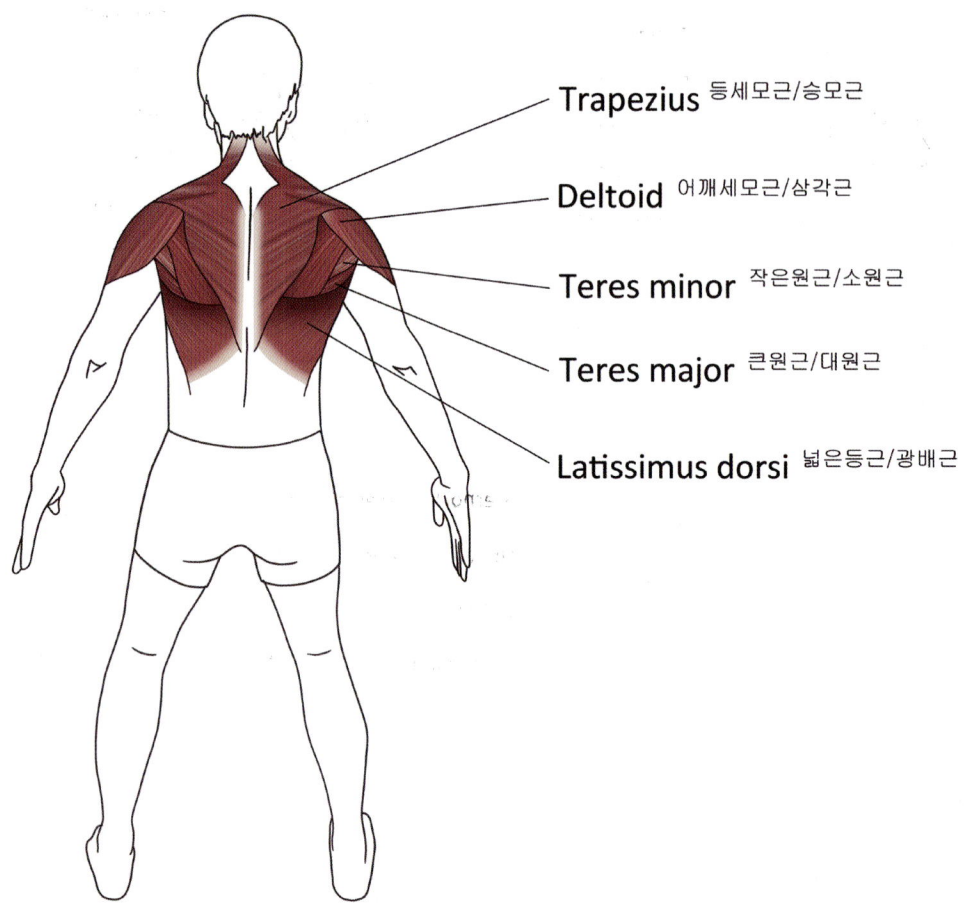

(1) 스트레스로 경직된 승모근 상부 이완으로 피로감을 해소시킨다.
(2) 긴장성 두통의 중요한 원인근으로 경직된 승모근 이완은 두통 예방에 효과적이다.

<아래(내려)헤쳐막기>

1) 운동 방법

① 준비 자세

② 양 메주먹을 어깨 앞에서 교차시킨다.

③ 교차한 채로 안쪽 주먹을 아래로 밀어주며 단전 앞에서 측면으로 헤쳐 막는다.

2) 운동 빈도

사진 ②~③까지 10회 3set

3) 동작 시 유의사항

- 팔이 몸의 바깥으로 나가지 않고 높이가 너무 위로 가지 않도록 한다.
- 손등이 앞을 향하지 않도록 한다.
- 고개가 과하게 앞으로 빠지지 않게 턱을 당겨주며, 좌우 기울기 균형을 맞춘다.

4) 유사 동작

손날 아래(내려)헤쳐막기

아래(내려)옆막기

7 얼굴(올려)막기

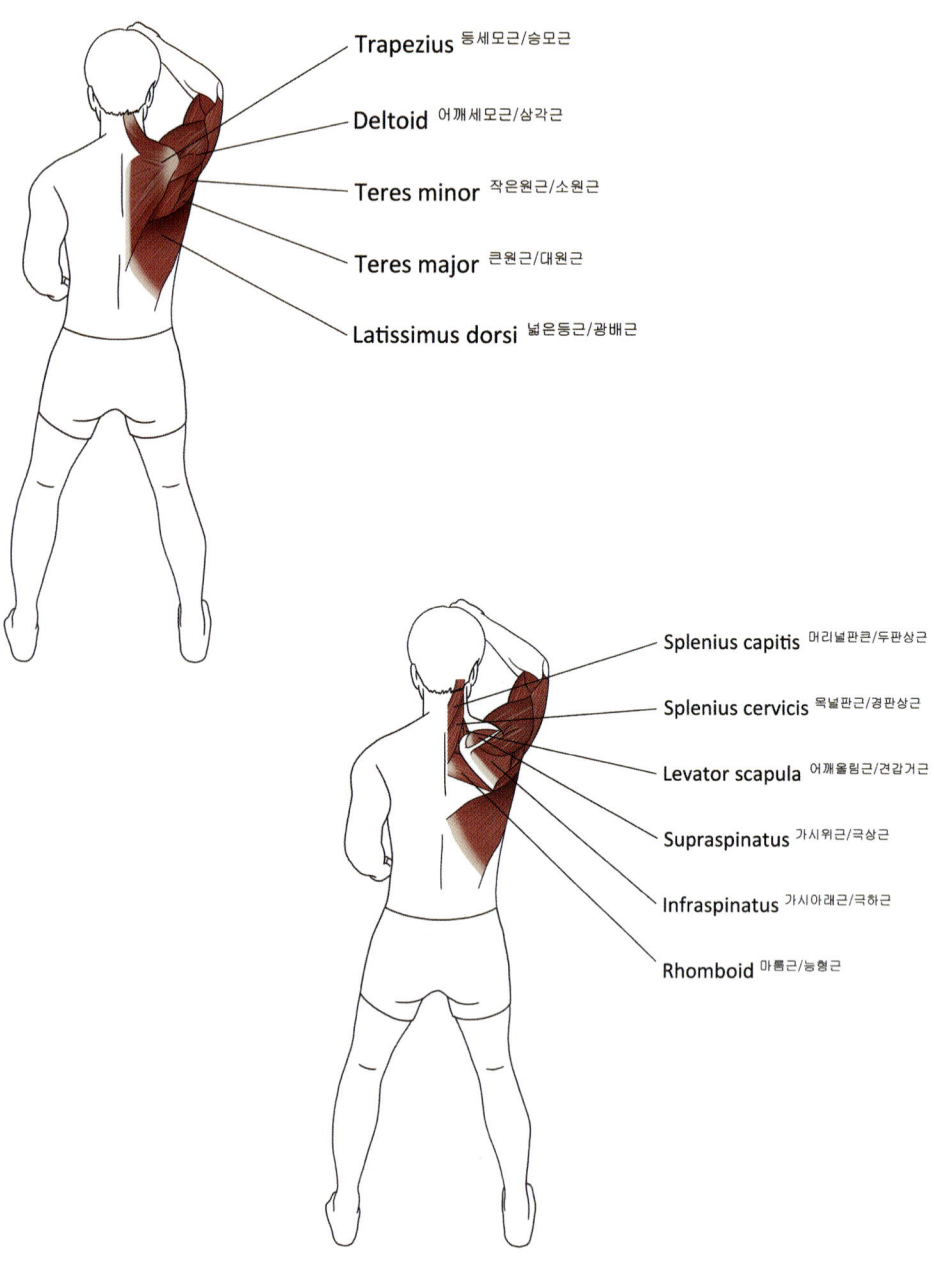

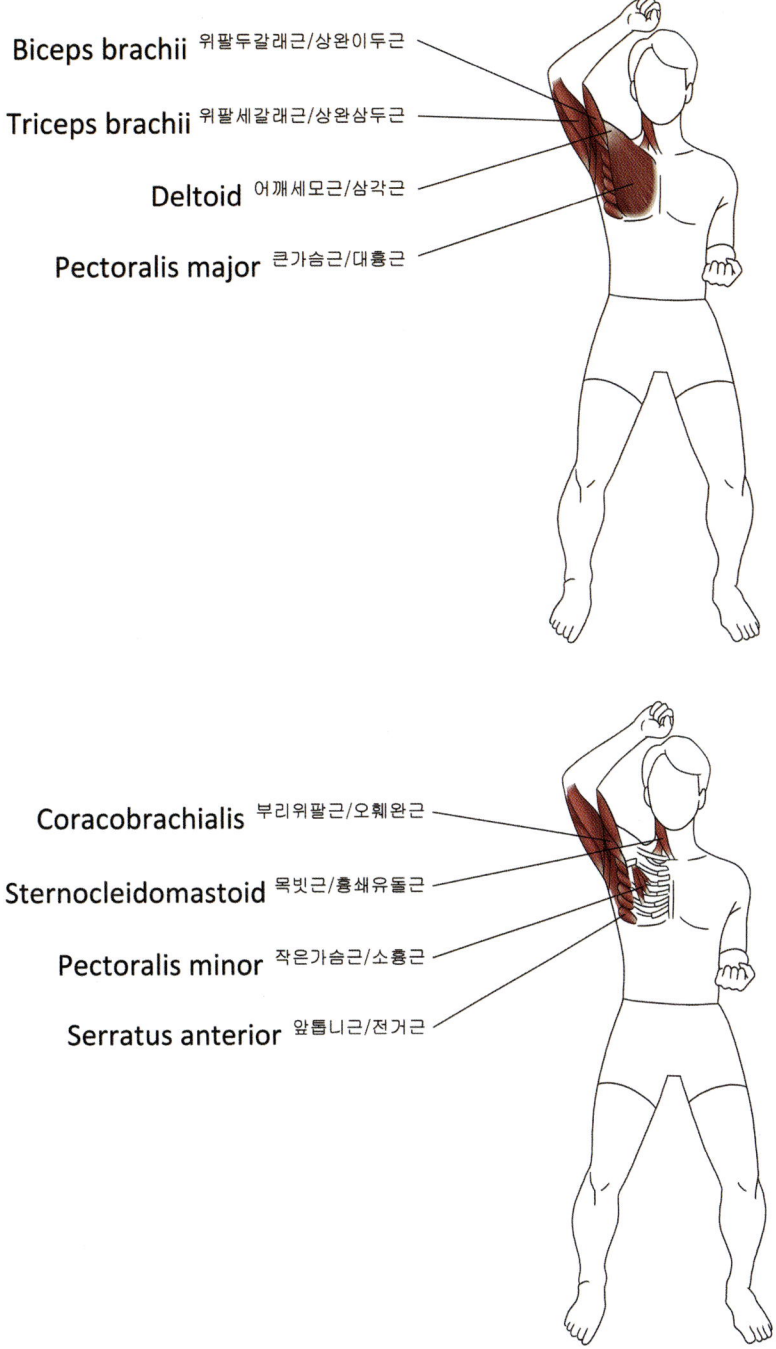

※ 얼굴(올려)막기 동작의 해부학적 관절 작용과 관련 근육은 아래와 같다.

Joint 관절		Action 작용	Muscle 근육
Head & Neck 머리·목/두경부		Extension 폄/신전 Rotation 돌림/회전	Splenius capitis 머리널판근/두판상근 Splenius cervicis 목널판근/경판상근
		Flexion 굽힘/굴곡(양쪽)	Sternocleidomastoid 목빗근/흉쇄유돌근
		Stabilization 경추의 안정화	Scalenes 목갈비근/사각근
Shoulder 어깨/견관절	Scapula 어깨뼈/견갑골	Elevation 올림/거상	Levator scapula 어깨올림근/견갑거근 Upper trapezius 위쪽등세모근/상부승모근
		Upward rotation 위쪽돌림/상방회전	Upper trapezius 위쪽등세모근/상부승모근 Lower trapezius 아래쪽등세모근/하부승모근 Serratus anterior 앞톱니근/전거근
		Protraction 내밈/전인	Pectoralis minor 작은가슴근/소흉근 Serratus anterior 앞톱니근/전거근
	Humerus 위팔뼈/상완골	Flexion 굽힘/굴곡	Anterior deltoid 앞쪽어깨세모근/전면삼각근 Pectoralis major 큰가슴근/대흉근 Biceps brachii(short) 위팔두갈래근 짧은갈래/상완이두근 단두 Coracobrachialis 부리위팔근/오훼완근
		Internal rotation 안쪽돌림/내회전	Anterior deltoid 앞쪽어깨세모근/전면삼각근 Pectoralis major 큰가슴근/대흉근 Subscapularis 어깨밑근/견갑하근 Latissimus dorsi 넓은등근/광배근 Teres major 큰원근/대원근
Elbow 팔꿈치/주관절	Ulna 자뼈/척골	Extension 폄/신전	Triceps brachii 위팔세갈래근/상완삼두근 Anconeus 팔꿈치근/주근
	Radius 노뼈/요골	Pronation 엎침/회내	Pronator teres 원엎침근/원회내근 Pronator quadratus 네모엎침근/방형회내근

1) 경추의 회전성변위 교정

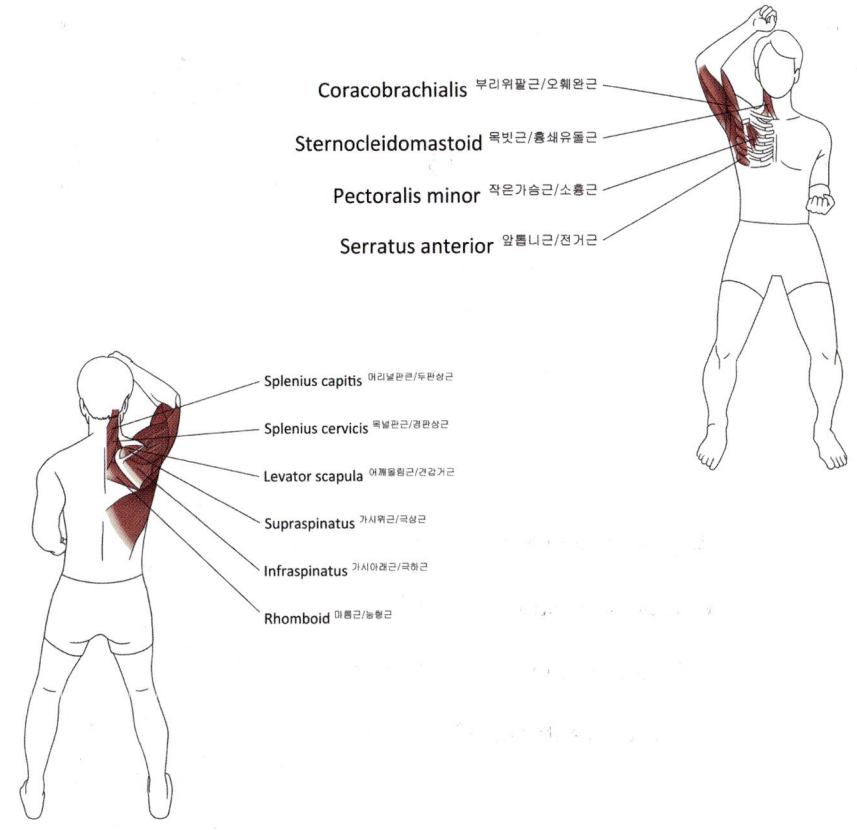

 얼굴막기 동작 시 견갑골 상방회전근의 길항근인 소흉근, 능형근, 견갑거근은 신장을 하게 되는데 특히 견갑거근은 경추의 움직임에 관여하게 된다.

 견갑거근은 경추 1~4 횡돌기에 기시하여 견갑골 상각에 정지하며 작용은 견갑골을 위로 들어 올리는 작용을 한다. 그러나 견갑골이 고정된 상태에 견갑거근이 수축하게 되면 경추를 동측 뒤 방향(견갑골 상각)으로 약 45° 기울며 당기게 된다. 얼굴막기 동작 시 견갑골 상각은 하방으로 이동되며 이런 움직임은 견갑거근의 정지점이 기시점으로 다가가게 되어 경추를 동측 뒤 방향으로 45° 기울며 당기게 된다. 이런 결과로 경추가 좌측 위 방향으로 측면회전변위된 자세에 우측 얼굴막기 동작을 적용하면 변형된 경추 교정에 매우 효과적인 동작이 된다.

 ※ 능형근의 하부는 이완, 상부는 수축

2) 어깨 높이 교정

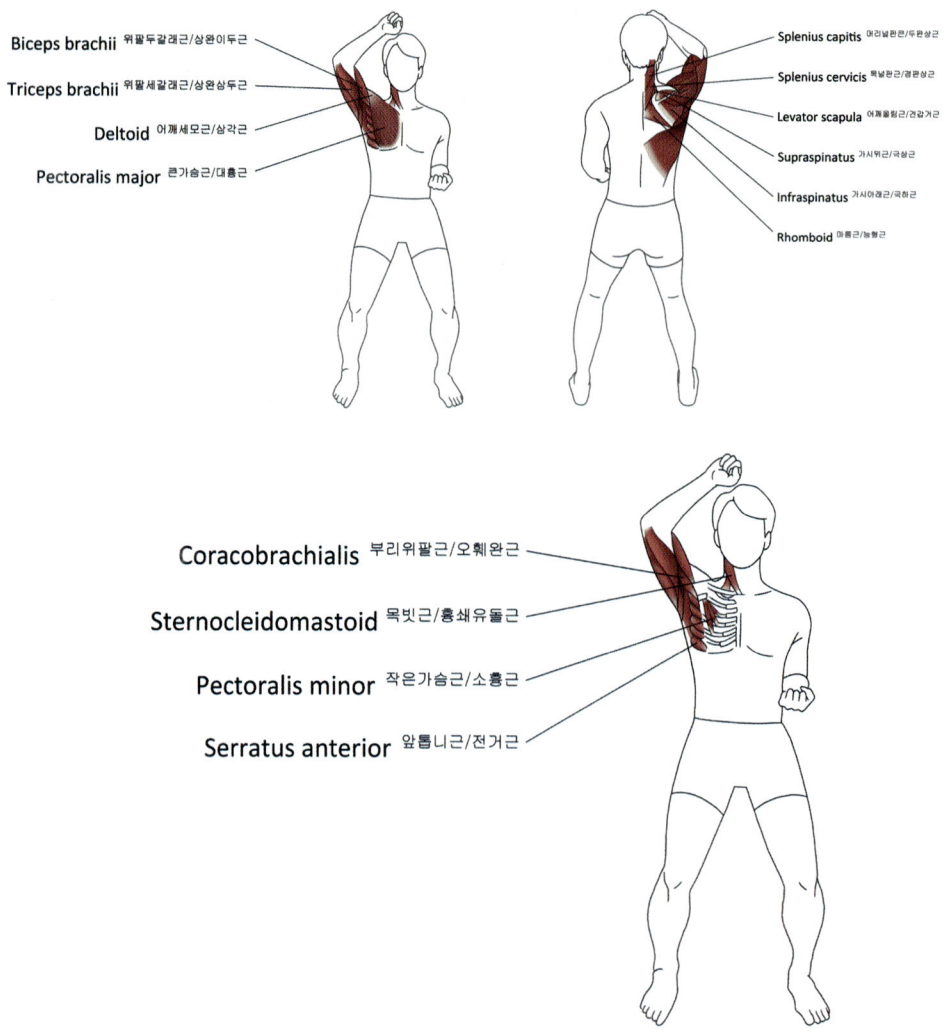

　얼굴막기 동작은 견갑골의 거상, 상방회전, 전인 동작과 상완골의 굴곡 내회전 주관절의 신전, 회내의 움직임을 하여 낮은 어깨를 높이는 작용(상방회전)을 한다. 얼굴막기 동작의 근육작용은 승모근 상·하부의 단축과 전거근의 단축으로 견갑골은 상방회전 즉 견갑골의 상각을 하방으로 내리고 견봉은 상방으로 올리는 형태의 어깨를 높이는 상방회전 작용을 한다.

3) 인체에 미치는 효과

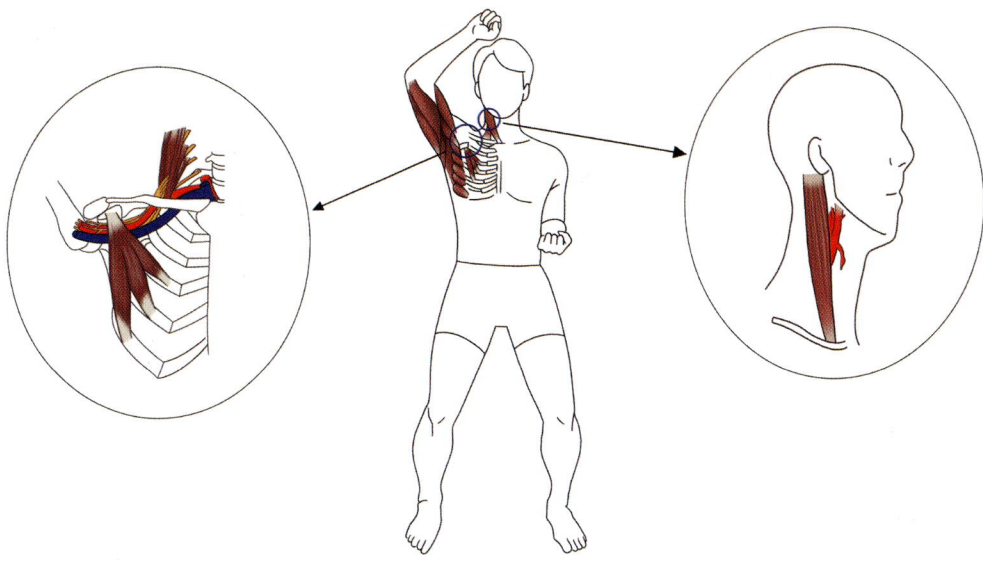

(1) 흉쇄유돌근의 활성화로 경동맥의 흐름을 촉진하여 뇌로의 혈액공급을 촉진시킨다.(집중력 향상, 어지러움증, 이명, 뇌출혈, 뇌경색, 치매 등 예방 및 개선 효과)

(2) 사각근의 활성화로 견갑상신경, 견갑배신경, 장흉신경의 활성화를 가져온다. (가슴 앞의 팔 저림 증상, 손 저림 증상의 예방 및 개선효과)

(3) 소흉근의 활성화로 쇄골 아래로 위치한 쇄골하동맥과 상완신경의 흐름을 촉진시킨다. (흉곽출구증후군, 팔 저림 증상, 손 저림 증상 개선효과)

(4) 흉곽을 확장시켜 심폐기능을 향상시킨다.

(5) 견갑대의 기능과 상완의 내회전근 활성화로 회전근의 손상을 예방한다.

<얼굴(올려)막기>

1) 운동 방법

① 준비 자세

② 막는 손은 반대 손 팔꿈치 밑에서 손등이 아래로 향하게 하고, 반대 손은 어깨 밑에서 손등이 위로 향하게 자세를 취한다.

③ 막는 손은 얼굴위로 막고 반대 손은 옆구리로 당기면서 두 손 모두 손목을 회전하여 막는다.

④ Plus 동작 - 팔꿈치를 펴면서 상완이 귀에 닿도록 한다.

2) 운동 빈도

사 진 ②~④까지 10회 좌, 우 반복 3set

3) 동작 시 유의사항

- 엉덩이를 너무 굽혀지거나 젖혀지지 않도록 하며, 팔이 과하게 머리 뒤로 넘어가지 않도록 주의 한다.
- 고개가 과하게 앞으로 빠지지 않게 턱을 당겨주며, 좌우 기울기 균형을 맞춘다.
- 어깨를 과도하게 올리지 않도록 하며 가슴우리가 들리지 않게 주의한다.

4) 유사 동작

금강막기 / 제비품목치기 / 손날 얼굴(올려)막기 / 황소막기
/한손날 비틀어 얼굴(올려)막기

8 황소막기

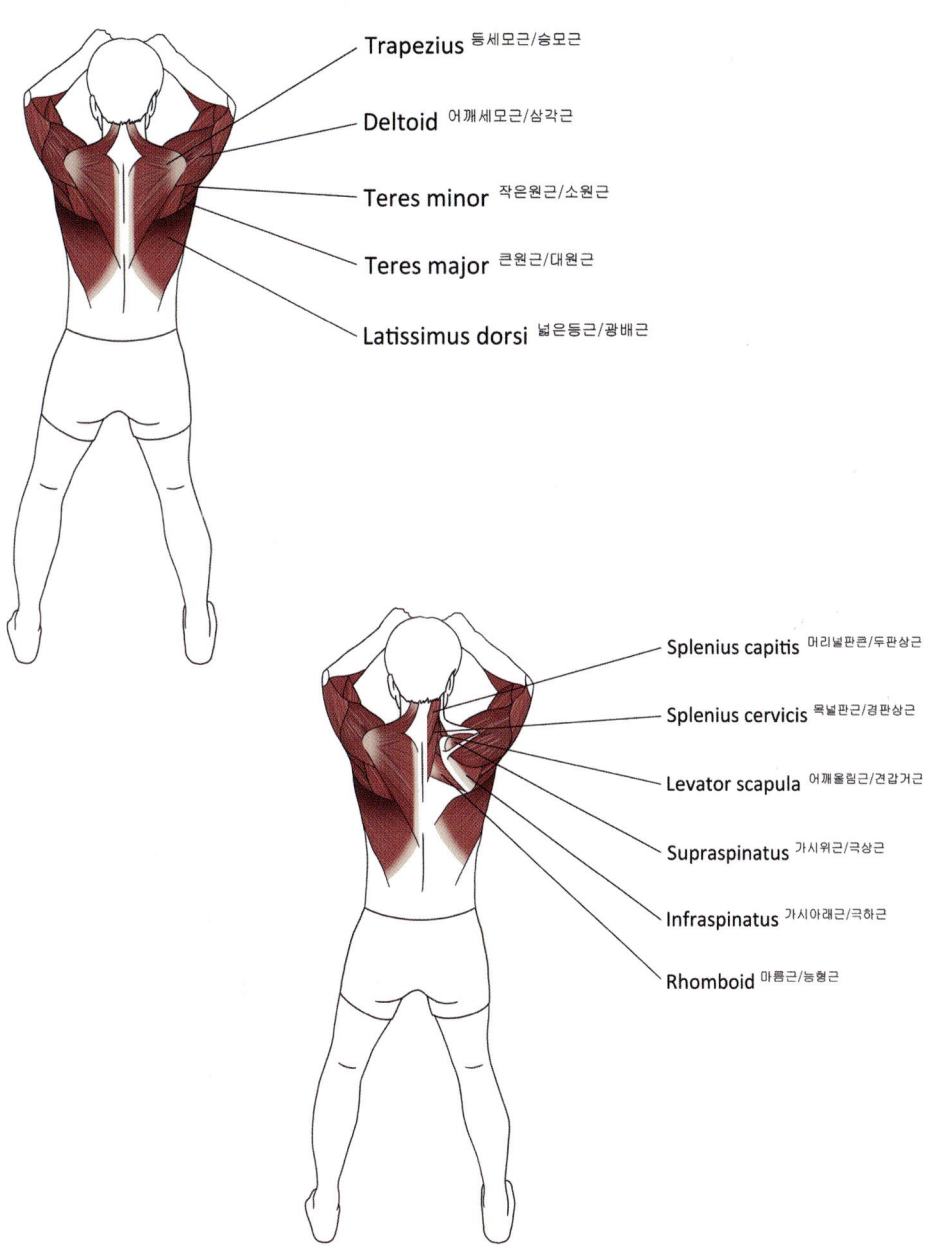

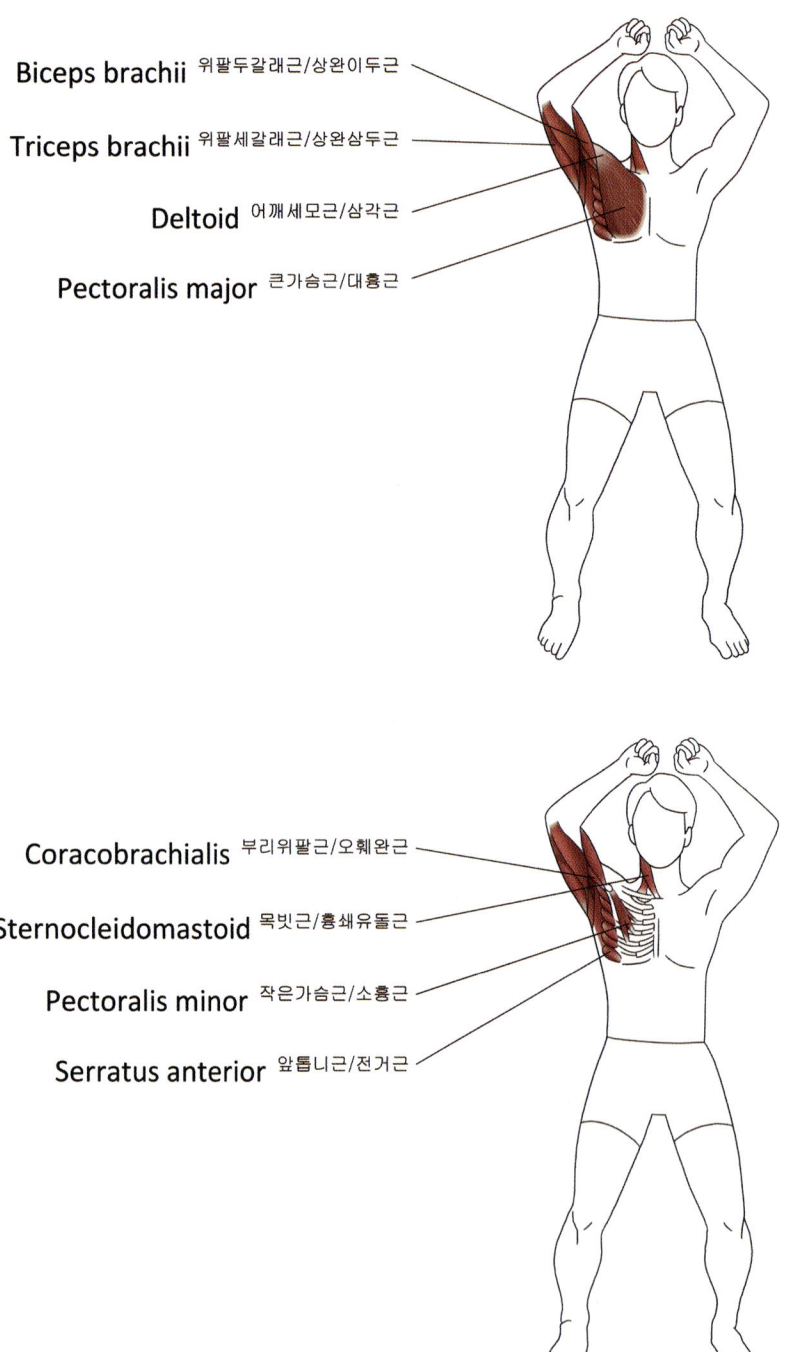

※ 황소막기 동작의 해부학적 관절 작용과 관련 근육은 아래와 같다.

Joint 관절		Action 작용	Muscle 근육
Head & Neck 머리 · 목/두경부		Extension 폄/신전 Rotation 돌림/회전	Splenius capitis 머리널판근/두판상근 Splenius cervicis 목널판근/경판상근
		Flexion 굽힘/굴곡(양쪽)	Sternocleidomastoid 목빗근/흉쇄유돌근
		Stabilization 경추의 안정화	Scalenes 목갈비근/사각근
Shoulder 어깨/견관절	Scapula 어깨뼈/견갑골	Elevation 올림/거상	Levator scapula 어깨올림근/견갑거근 Upper trapezius 위쪽등세모근/상부승모근
		Upward rotation 위쪽돌림/상방회전	Upper trapezius 위쪽등세모근/상부승모근 Lower trapezius 아래쪽등세모근/하부승모근 Serratus anterior 앞톱니근/전거근
		Protraction 내밈/전인	Pectoralis minor 작은가슴근/소흉근 Serratus anterior 앞톱니근/전거근
	Humerus 위팔뼈/상완골	Flexion 굽힘/굴곡	Anterior deltoid 앞쪽어깨세모근/전면삼각근 Pectoralis major 큰가슴근/대흉근 Biceps brachii(short) 위팔두갈래근 짧은갈래/상완이두근 단두 Coracobrachialis 부리위팔근/오훼완근
		Internal rotation 안쪽돌림/내회전	Anterior deltoid 앞쪽어깨세모근/전면삼각근 Pectoralis major 큰가슴근/대흉근 Subscapularis 어깨밑근/견갑하근 Latissimus dorsi 넓은등근/광배근 Teres major 큰원근/대원근
Elbow 팔꿈치/주관절	Ulna 자뼈/척골	Extension 폄/신전	Triceps brachii 위팔세갈래근/상완삼두근 Anconeus 팔꿈치근/주근
	Radius 노뼈/요골	Pronation 엎침/회내	Pronator teres 원엎침근/원회내근 Pronator quadratus 네모엎침근/방형회내근

1) 경추의 전방변위와 회전성변위 교정

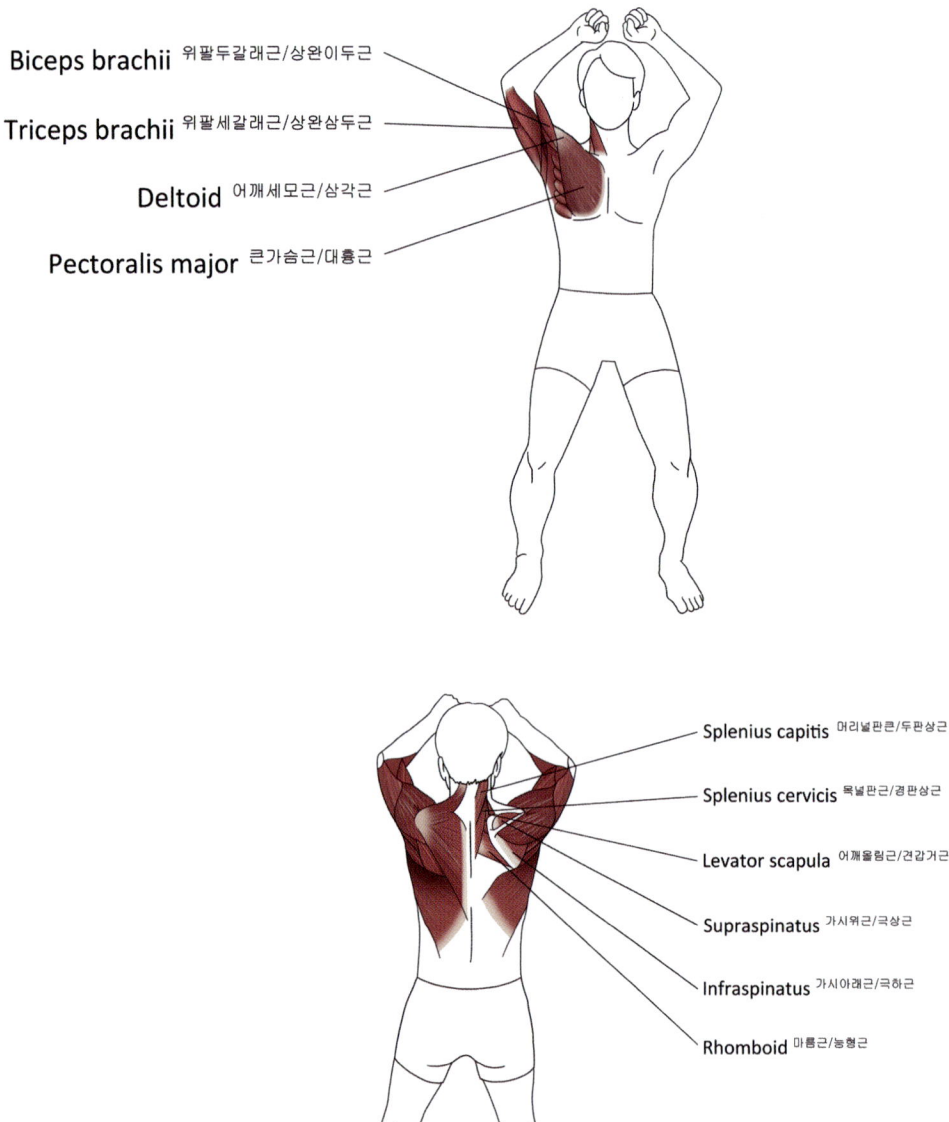

 황소막기는 얼굴막기의 양손 동작으로 경추의 전방변위와 측면회전변위의 교정에 매우 효과적인 동작이다.

2) 굽은 등 교정 효과

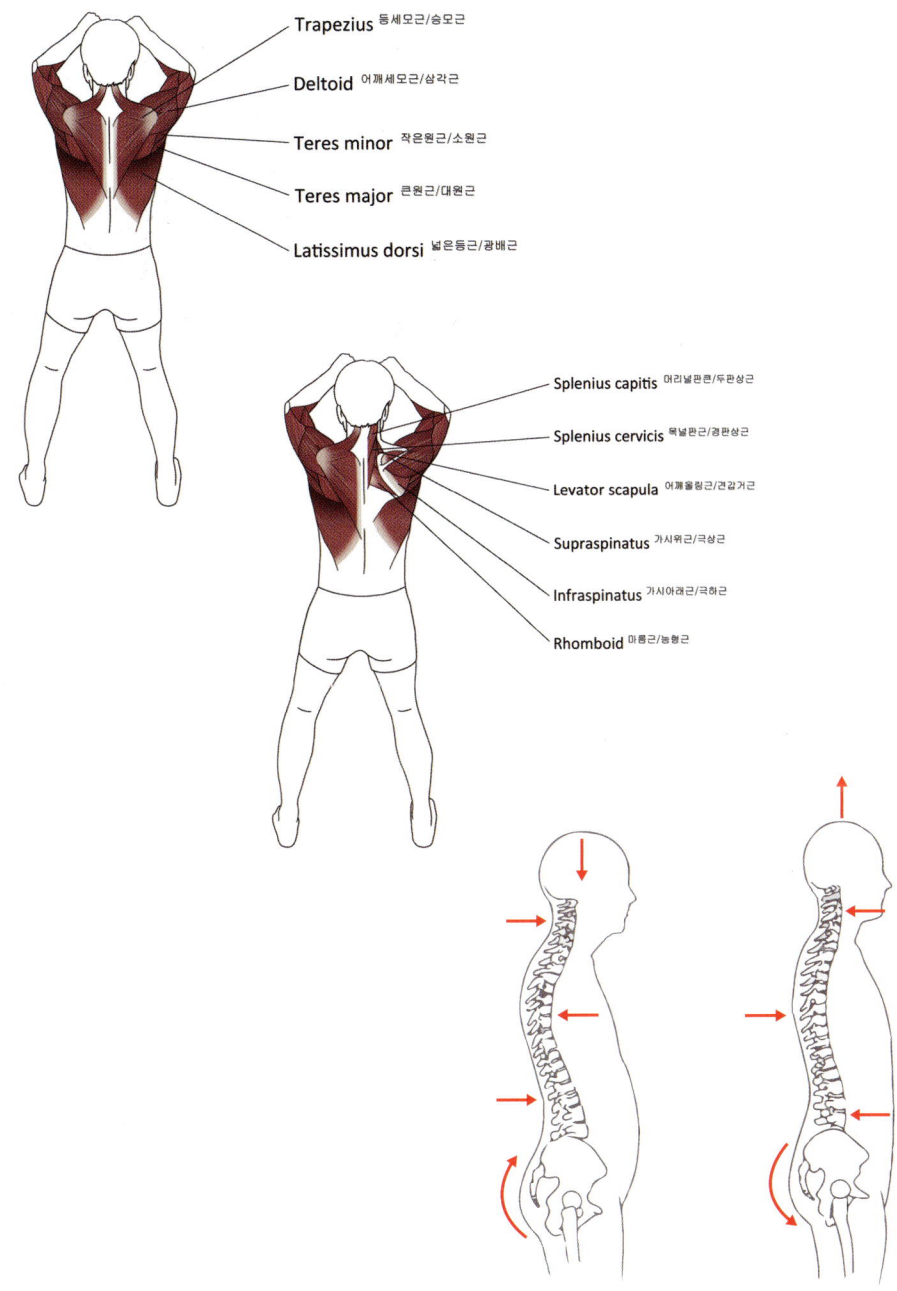

　황소막기는 경추와 흉추의 축성신전 작용을 더욱 강하게 하여 굽은 등 교정에 매우 효과적인 동작이다.

3) 인체에 미치는 효과

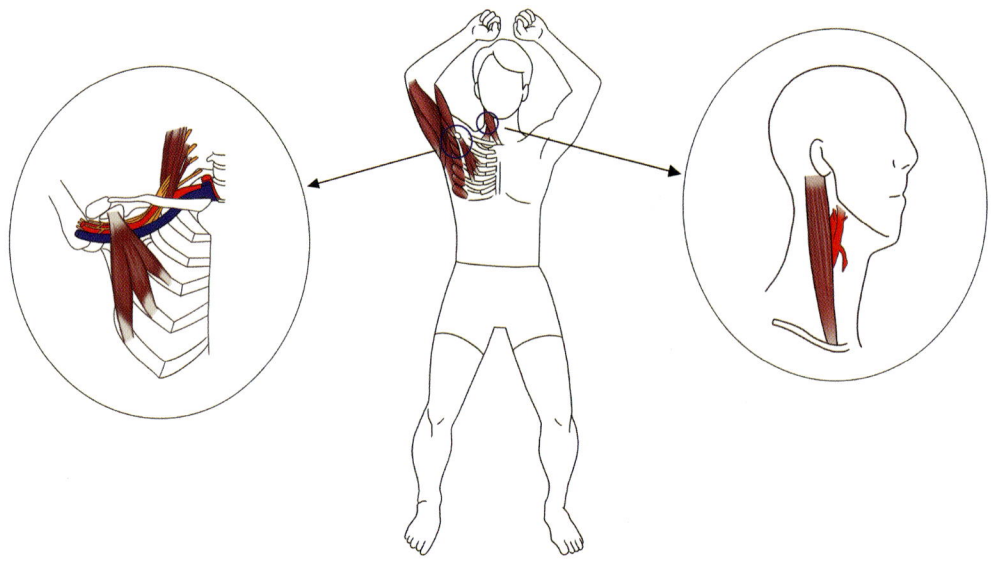

(1) 흉쇄유돌근의 활성화로 경동맥의 흐름을 촉진하여 뇌로의 혈액공급을 촉진시킨다.(집중력 향상, 어지러움증, 이명, 뇌출혈, 뇌경색, 치매 등 예방 및 개선 효과)
(2) 사각근의 활성화로 견갑상신경, 견갑배신경, 장흉신경의 활성화를 가져온다. (가슴 앞의 팔 저림 증상, 손 저림 증상의 예방 및 개선효과)
(3) 소흉근의 활성화로 쇄골 아래로 위치한 쇄골하동맥과 상완신경의 흐름을 촉진시킨다. (흉곽출구증후군, 팔 저림 증상, 손 저림 증상 개선효과)
(4) 흉곽을 확장시켜 심폐기능을 향상시킨다.
(5) 견갑대의 기능과 상완의 내회전근 활성화로 회전근의 손상을 예방한다.

<황소막기>

1) 운동 방법

① 준비 자세

② 두 손 모두 손등을 아래로 향하게 회전시키고 손과 손 사이에는 주먹 하나가 들어갈 공간을 둔다.

③ 위로 일직선으로 올려 머리 위에 주먹 하나가 들어갈 정도의 공간 위에서 손등을 뒤로 향하게 끝 점에서 회전하여 막는다.

④ Plus 동작 - 양쪽 팔꿈치를 펴면서 상완이 귀에 닿도록 한다.

2) 운동 빈도

사진 ②~④까지 10회씩 3set

3) 동작 시 유의사항

- 엉덩이를 과도하게 굽히거나 젖히지 않도록 하며, 막을 때 팔꿈치가 과하게 올라가지 않도록 주의한다.
- 고개가 앞으로 빠지지 않게 턱을 당겨주며, 좌우 기울기 균형을 맞춘다.
- 어깨를 과하게 올리지 않도록 하며, 가슴우리가 들리지 않게 주의한다.

4) 유사 동작

얼굴(올려)막기

9 몸통안막기

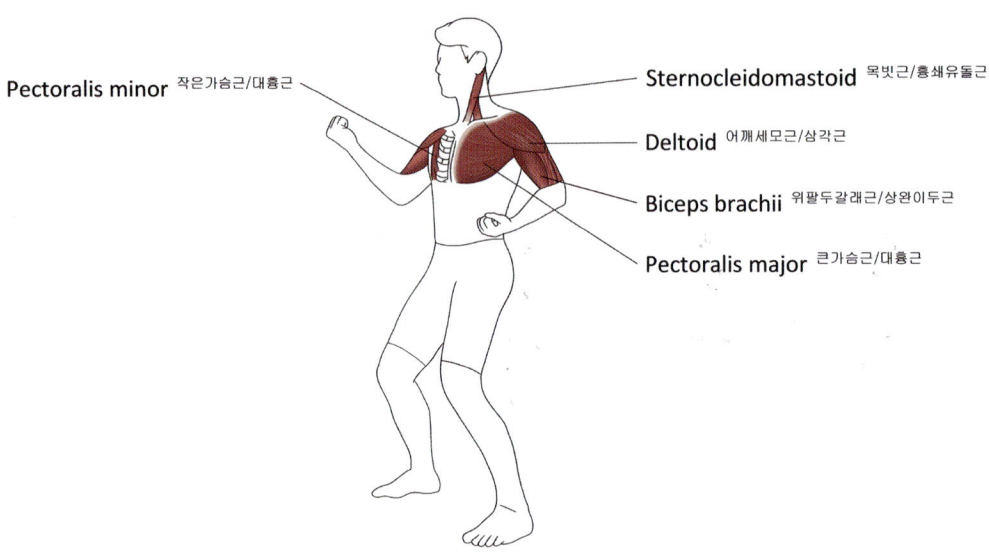

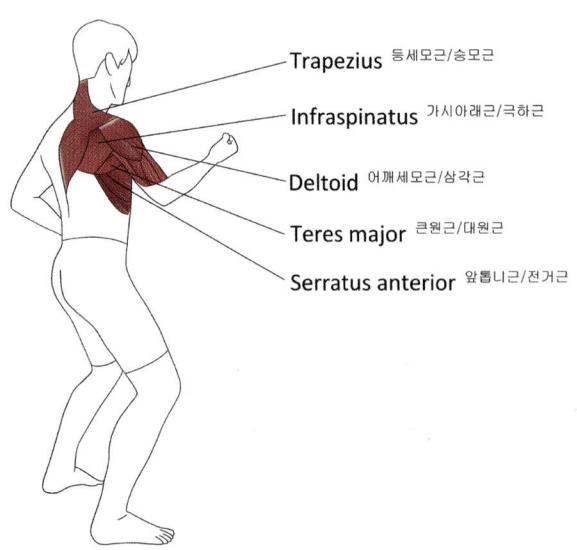

※ 몸통안막기 동작의 해부학적 관절 작용과 관련 근육은 아래와 같다.

Joint 관절		Action 작용	Muscle 근육
Head & Neck 머리 · 목/두경부		Extension 폄/신전	Splenius capitis 머리널판근/두판상근 Splenius cervicis 목널판근/경판상근
		Flexion 굽힘/굴곡(양쪽)	Sternocleidomastoid 목빗근/흉쇄유돌근
		Stabilization 경추의 안정화	Scalenes 목갈비근/사각근
Shoulder 어깨/견관절	Scapula 어깨뼈/견갑골	Protraction 내밈/전인	Pectoralis minor 작은가슴근/소흉근 Serratus anterior 앞톱니근/전거근
		Upward rotation 위쪽돌림/상방회전	Upper trapezius 위쪽등세모근/상부승모근 Lower trapezius 아래쪽등세모근/하부승모근 Serratus anterior 앞톱니근/전거근
	Humerus 위팔뼈/상완골	Horizontal adduction 수평모음/수평내전	Anterior deltoid 앞쪽어깨세모근/전면삼각근 Pectoralis major 큰가슴근/대흉근
		External rotation 바깥돌림/외회전	Posterior deltoid 뒤쪽어깨세모근/후면삼각근 Infraspinatus 가시아래근/극하근 Teres minor 작은원근/소원근
Elbow 팔꿈치/주관절	Ulna 자뼈/척골	Extension 폄/신전	Triceps brachii 위팔세갈래근/상완이두근 Anconeus 팔꿈치근/주근
	Radius 노뼈/요골	Supination 뒤침/회외	Biceps brachii 위팔두갈래근/상완이두근 Supinator 뒤침근/회외근

1) 편평등 교정

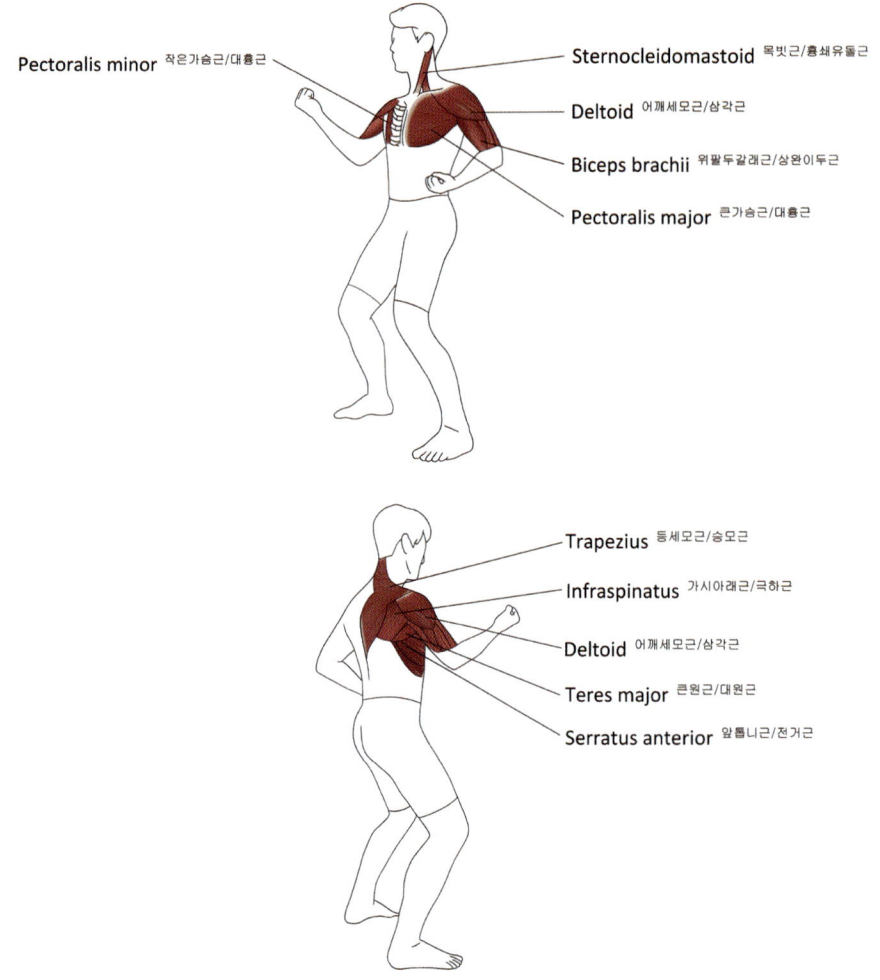

　몸통안막기 동작은 견갑골의 전인과 상방회전, 상완골의 수평내전과 외회전, 주관절의 굴곡과 회외의 움직임을 하여 편평등을 교정하는 작용을 한다. 몸통안막기 동작의 근육 작용은 소흉근과 전거근의 단축으로 견갑골을 전인시키는 작용을 하여 편평등을 교정하는 작용을 하는데 편평등은 대부분 견갑골이 후인과 거상의 움직임으로 생기는 현상이다. 몸통안막기 시 전인의 움직임은 소흉근의 단축으로 견갑골을 하방으로 당기고 전거근의 단축작용으로 견갑골을 전방으로 당겨 견갑골이 후인, 거상되어 생긴 편평등 교정에 효과적인 동작이다.

2) 인체에 미치는 효과

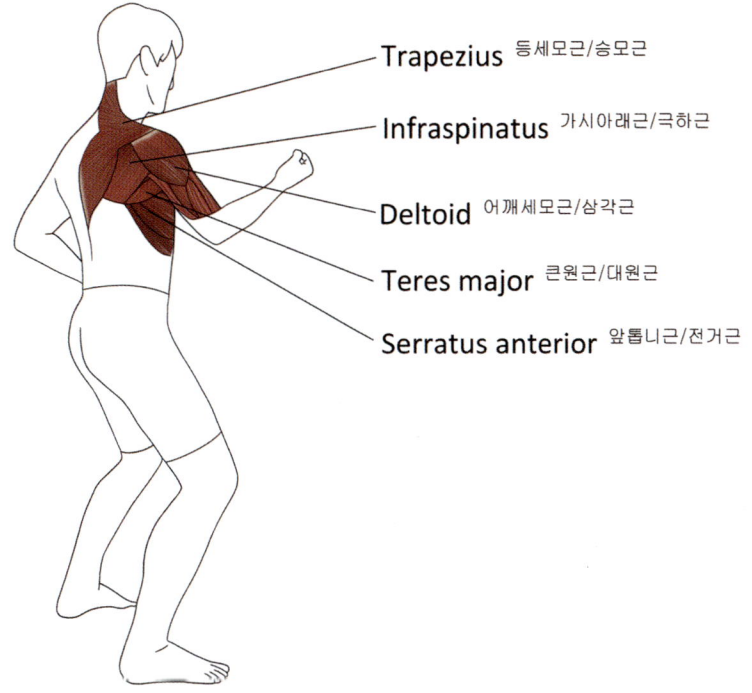

(1) 전거근의 강화 작용으로 견갑골의 안정화에 영향을 미친다.
(2) 익상견갑(Winging scapula) 개선의 효과를 가져온다.
: 전거근의 약화로 인해 견갑골 내측연(척추연)이 뜨는 증상인
익상견갑(Winging scapula) 증상을 개선하는 작용을 한다.

<몸통안막기>

1) 운동 방법

① 준비 자세

② 막는 주먹은 얼굴 뒤쪽 대각선 방향으로 손등이 안쪽으로 보이게 준비하고 반대 주먹은 가볍게 앞으로 뻗어서 자세를 취한다.

③ 막는 주먹은 몸통 안쪽으로, 반대 손은 옆구리로 빠르게 당긴다. 이 때 양 팔의 각도가 같아야 한다.

2) 운동 빈도

사진 ②~③까지 10회 좌, 우 반복 3set

3) 동작 시 유의사항

- 팔꿈치를 너무 피거나 굽히지 않도록 주의한다.
- 고개가 과하게 앞으로 빠지지 않게 하며, 좌우 기울기 균형을 맞춘다.
- 몸이 과하게 회전이 되지 않도록 주의하며, 어깨 높이를 수평으로 맞춘다.

4) 유사 동작

바탕손 몸통안막기 / 손날 목치기 / 거들어 몸통안막기

10 두 메주먹 안치기

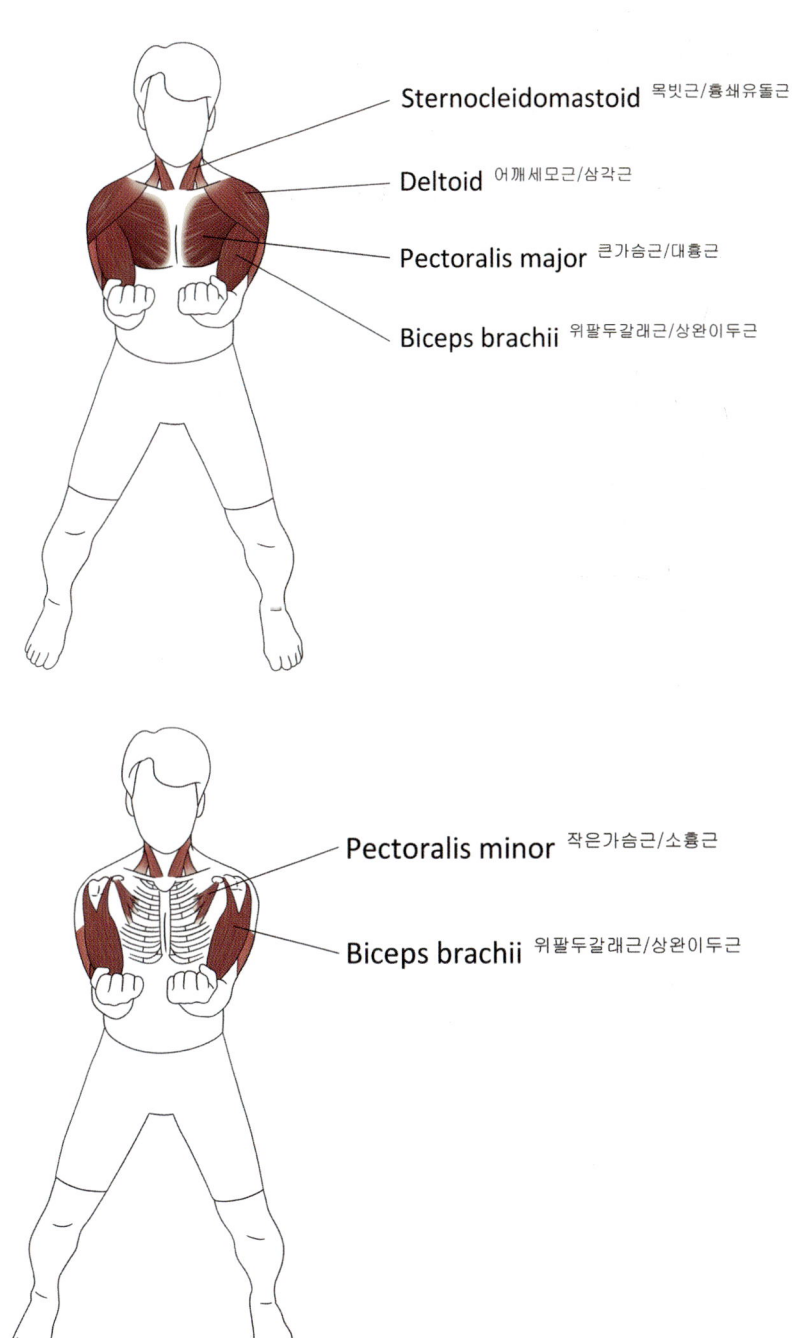

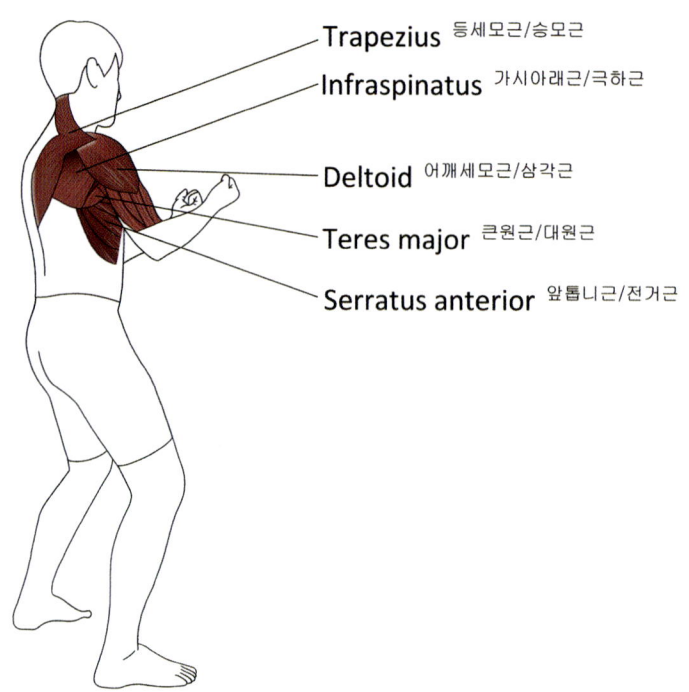

※ **두 메주먹 안치기 동작의 해부학적 관절 작용과 관련 근육은 아래와 같다.**

Joint 관절		Action 작용	Muscle 근육
Head & Neck 머리·목/두경부		Extension 폄/신전	Splenius capitis 머리널판근/두판상근 Splenius cervicis 목널판근/경판상근
		Flexion 굽힘/굴곡(양쪽)	Sternocleidomastoid 목빗근/흉쇄유돌근
		Stabilization 경추의 안정화	Scalenes 목갈비근/사각근
Shoulder 어깨/견관절	Scapula 어깨뼈/견갑골	Protraction 내밈/전인	Pectoralis minor 작은가슴근/소흉근 Serratus anterior 앞톱니근/전거근
		Upward rotation 위쪽돌림/상방회전	Upper trapezius 위쪽등세모근/상부승모근 Lower trapezius 아래쪽등세모근/하부승모근 Serratus anterior 앞톱니근/전거근
	Humerus 위팔뼈/상완골	Horizontal adduction 수평모음/수평내전	Anterior deltoid 앞쪽어깨세모근/전면삼각근 Pectoralis major 큰가슴근/대흉근
		External rotation 바깥돌림/외회전	Posterior deltoid 뒤쪽어깨세모근/후면삼각근 Infraspinatus 가시아래근/극하근 Teres minor 작은원근/소원근
Elbow 팔꿈치/주관절	Ulna 자뼈/척골	Extension 폄/신전	Triceps brachii 위팔세갈래근/상완이두근 Anconeus 팔꿈치근/주근
	Radius 노뼈/요골	Supination 뒤침/회외	Biceps brachii 위팔두갈래근/상완이두근 Supinator 뒤침근/회외근

1) 경추의 전방변위와 회전성변위 교정

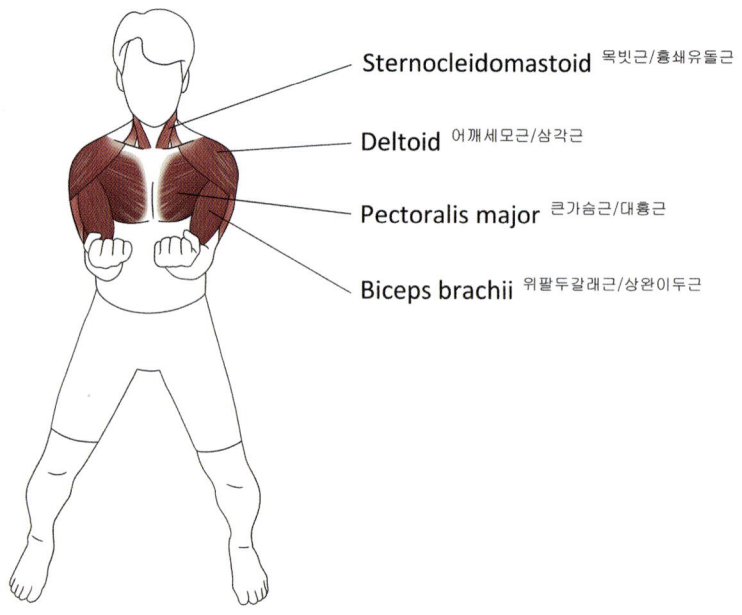

몸통안막기의 양손 동작으로 흉쇄유돌근 안쪽을 강화하여 경추의 전방변위와 회전변위 교정에 효과적인 동작이다.

2) 편평등 교정

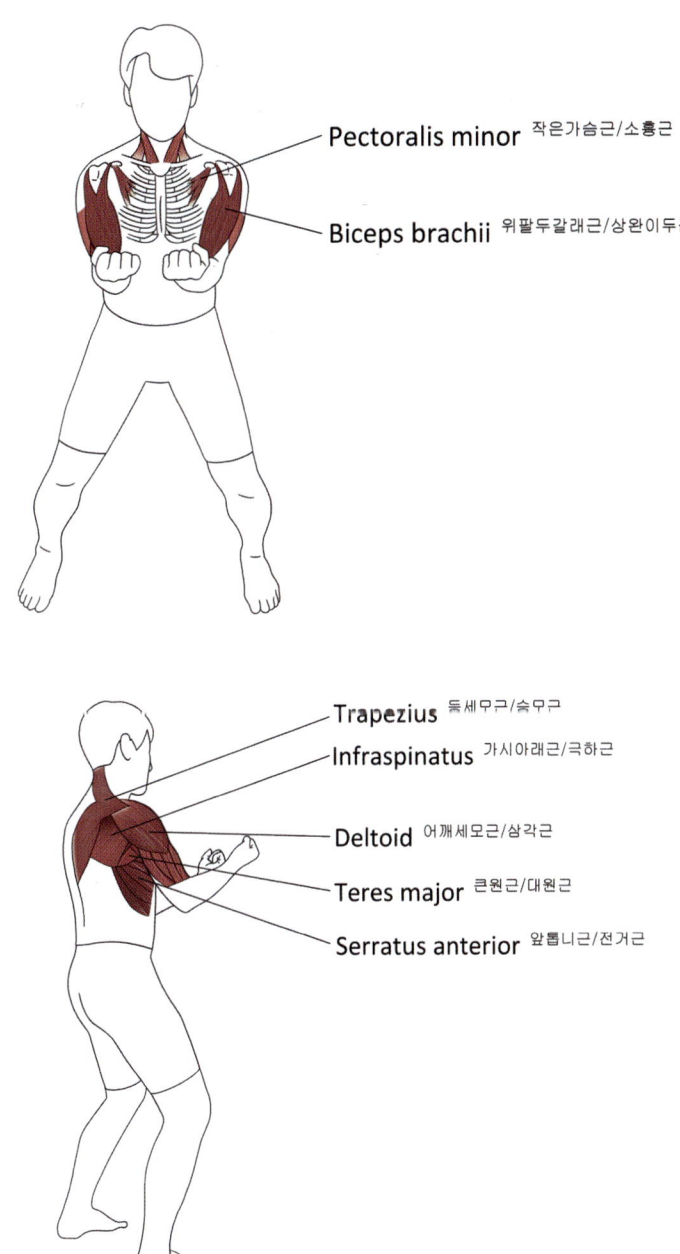

몸통안막기의 양손 동작으로 양쪽 전거근과 소흉근이 활성화되어 편평등 교정에 매우 효과적인 동작이다.

3) 인체에 미치는 효과

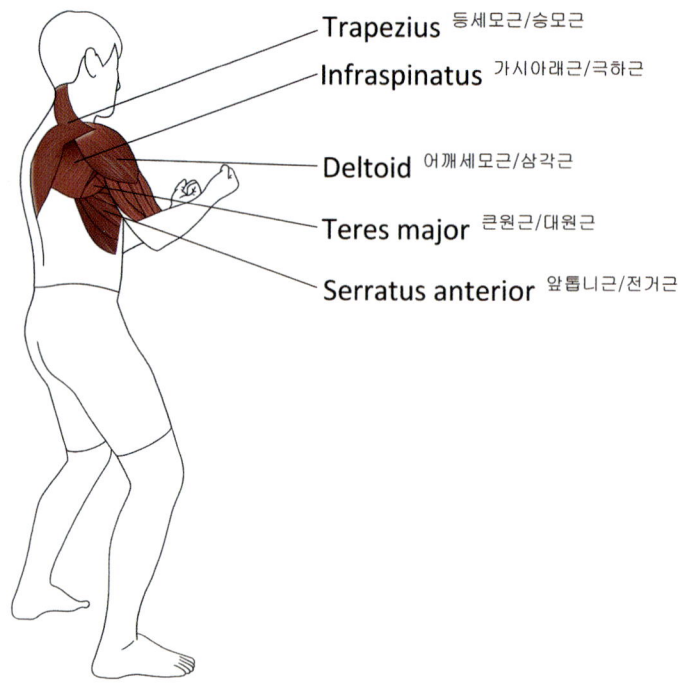

(1) 전거근의 강화 작용으로 견갑골의 안정화에 영향을 미친다.
(2) 익상견갑(Winging scapula) 개선의 효과를 가져온다.
: 전거근의 약화로 인해 견갑골 내측면(척추연)이 뜨는 증상인
익상견갑(Winging scapula) 증상을 개선하는 작용을 한다.

<두 메주먹 안치기>

1) 운동 방법

① 준비 자세

② 양 메주먹을 어깨에서 주먹 하나 정도 위로 위치하며, 손등이 안쪽을 향하게 준비한다.

③ 양 메주먹을 바깥에서 안으로 양 옆구리를 친다. 이 때, 겨드랑이를 붙여 안으로 힘을 모아준다.

2) 운동 빈도

사진 ②~③까지 10회 3set

3) 동작 시 유의사항

- 주먹은 팔꿈치보다 조금 높게 위치한다.
- 고개가 과하게 앞으로 빠지지 않게 하며, 좌우 기울기 균형을 맞춘다.
- 팔꿈치는 몸통과 가까운 곳에 두며, 주먹을 높이 올리지 않도록 주의한다.

4) 유사 동작

몸통안막기 / 바탕손 거들어 안막기 / 바탕손 안막기 / 거들어 몸통안막기

11 바탕손 아래(내려)안막기

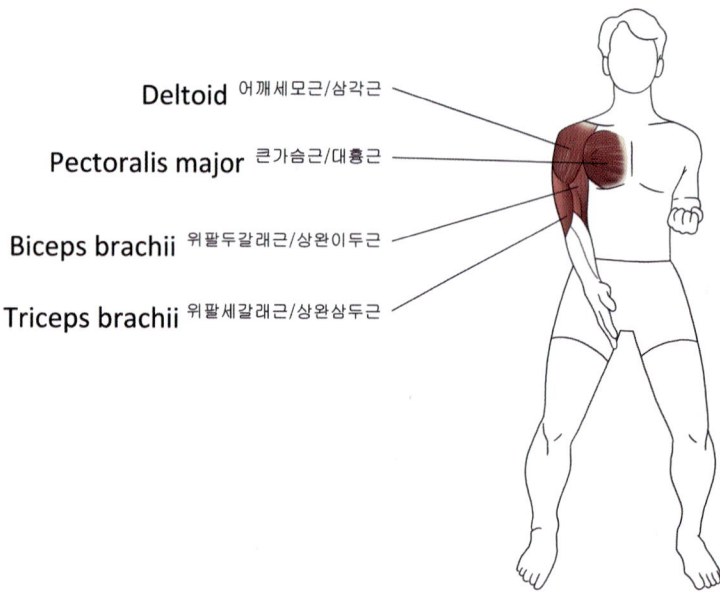

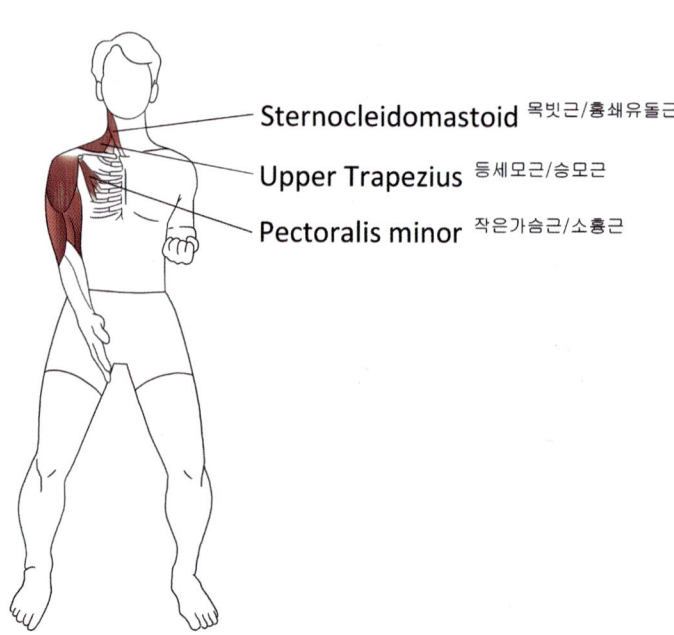

※ **바탕손 아래(내려)안막기 동작의 해부학적 관절 작용과 관련 근육은 아래와 같다.**

Joint 관절		Action 작용	Muscle 근육
Head & Neck 머리·목/두경부		Extension 폄/신전	Splenius capitis 머리널판근/두판상근 Splenius cervicis 목널판근/경판상근
		Flexion 굽힘/굴곡(양쪽)	Sternocleidomastoid 목빗근/흉쇄유돌근
		Stabilization 경추의 안정화	Scalenes 목갈비근/사각근
Shoulder 어깨/견관절	Scapula 어깨뼈/견갑골	Depression 내림/하강	Pectoralis minor 작은가슴근/소흉근 Lower trapezius 아래쪽등세모근/하부승모근
		Protraction 내밈/전인	Pectoralis minor 작은가슴근/소흉근 Serratus anterior 앞톱니근/전거근
		Downward rotation 아래쪽돌림/하방회전	Levator scapula 어깨올림근/견갑거근 Rhomboid 마름근/능형근 Pectoralis minor 작은가슴근/소흉근
	Humerus 위팔뼈/상완골	Adduction 모음/내전	Pectoralis major 큰가슴근/대흉근 Coracobrachialis 부리위팔근/오훼완근 Latissimus dorsi 넓은등근/광배근 Teres major 큰원근/대원근
Elbow 팔꿈치/주관절	Ulna 자뼈/척골	Extension 폄/신전(약간)	Triceps brachii 위팔세갈래근/상완삼두근 Anconeus 팔꿈치근/주근
	Radius 노뼈/요골	Supination 뒤침/회외	Biceps brachii 위팔두갈래근/상완이두근 Supinator 뒤침근/회외근

1) 경추의 측면회전성변위 교정

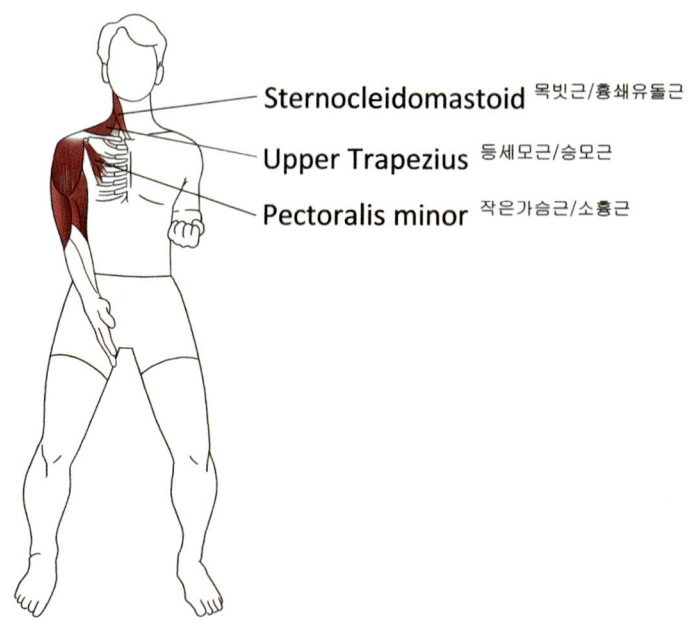

 이 동작은 턱을 약간 안으로 당겨 목뒤 근육인 두·경판상근과 앞 측면 근육인 흉쇄유돌근의 양쪽 근육이 모두 강화되어 경추의 측면회전변위 교정운동으로 효과적인 동작이다.

2) 어깨 높이 교정

 바탕손 아래안막기 동작은 견갑골의 하강과 전인, 하방회전의 움직임과 상완의 내전, 주관절의 신전과 뒤침의 움직임을 하여 높은 어깨를 낮추는 작용을 한다. 바탕손 아래안막기의 근육 작용은 소흉근과 승모근 하부의 단축으로 견갑골을 하강시키고 소흉근과 전거근의 단축으로 전인 작용과 소흉근, 견갑거근, 능형근의 단축으로 하방회전하여 견갑골 상각은 상방으로 올리고 견봉은 하방으로 내리는 즉 견갑골의 하방회전에 의한 어깨를 낮추는 작용을 한다.

3) 익상견갑 교정 효과

전거근의 강화작용으로 견갑골의 안정화에 영향을 미치며 전거근의 약화로 인해 견갑골 내측연(척추연)이 뜨는 증상인 Winging scapula 증상을 개선하는 작용을 한다.

4) 인체에 미치는 효과

(1) 스트레스로 경직된 승모근 상부 이완으로 피로감을 해소시킨다.
(2) 긴장성 두통의 중요한 원인근으로 경직된 승모근 이완은 두통을 예방한다.

<바탕손 아래(내려)안막기>

1) 운동 방법

① 준비 자세

② 막는 손은 귀 뒤에서 손을 펴고 손등이 안쪽을 향하게 한다. 보조 손은 앞으로 가볍게 뻗어준다.

③ 막는 손은 손이 낭심까지 밑으로 향하게 하고, 반대 손은 옆구리로 힘차게 당긴다.

2) 운동 빈도

사진 ②~③까지 10회 좌, 우 3set

3) 동작 시 유의사항

- 위에서 아래로가 아닌 사선으로 막아야 한다.
- 고개가 과하게 앞으로 빠지지 않게 하며, 좌우 기울기 균형을 맞춘다.
- 어깨가 너무 쳐지지 않도록 주의한다.

4) 유사 동작

바탕손 눌러막기

12 바탕손 아래(내려)안막기(양손)

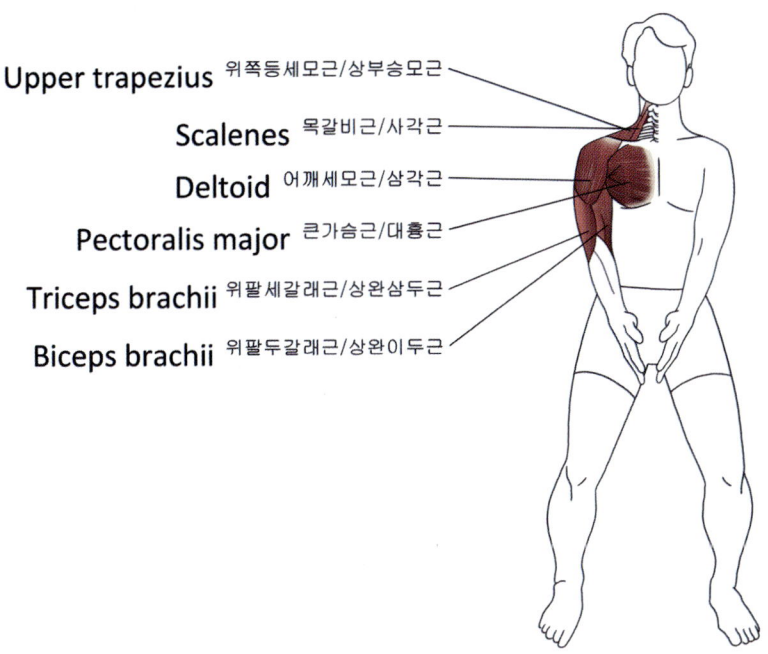

Upper trapezius 위쪽등세모근/상부승모근
Scalenes 목갈비근/사각근
Deltoid 어깨세모근/삼각근
Pectoralis major 큰가슴근/대흉근
Triceps brachii 위팔세갈래근/상완삼두근
Biceps brachii 위팔두갈래근/상완이두근

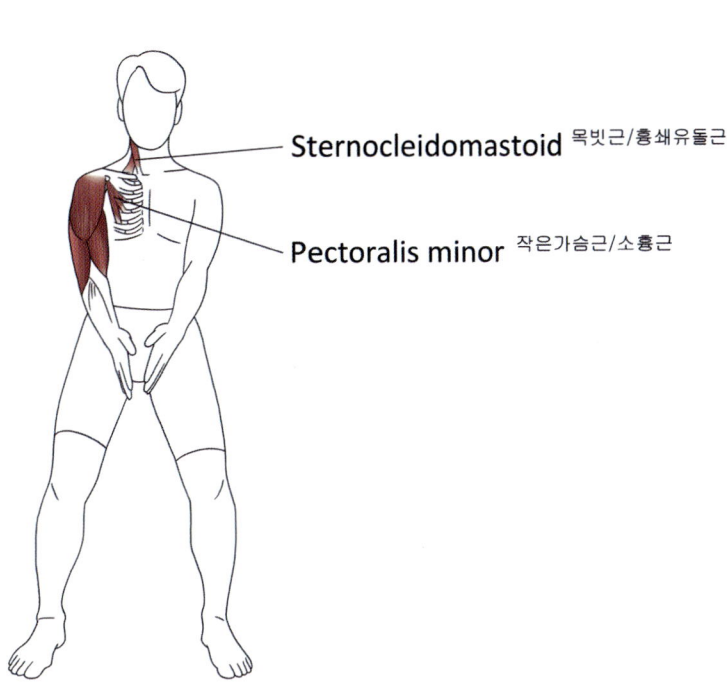

Sternocleidomastoid 목빗근/흉쇄유돌근

Pectoralis minor 작은가슴근/소흉근

III. 경추와 상지의 해부학 | 155

※ **바탕손 아래(내려)안막기(양손) 동작의 해부학적 관절 작용과 관련 근육은 아래와 같다.**

Joint 관절		Action 작용	Muscle 근육
Head & Neck 머리·목/두경부		Extension 폄/신전	Splenius capitis 머리널판근/두판상근 Splenius cervicis 목널판근/경판상근
		Flexion 굽힘/굴곡(양쪽)	Sternocleidomastoid 목빗근/흉쇄유돌근
		Stabilization 경추의 안정화	Scalenes 목갈비근/사각근
Shoulder 어깨/견관절	Scapula 어깨뼈/견갑골	Depression 내림/하강	Pectoralis minor 작은가슴근/소흉근 Lower trapezius 아래쪽등세모근/하부승모근
		Retraction 들임/후인	Rhomboid 마름근/능형근 Middle trapezius 중간등세모근/중부승모근
		Downward rotation 아래쪽돌림/하방회전	Levator scapula 어깨올림근/견갑거근 Rhomboid 마름근/능형근 Pectoralis minor 작은가슴근/소흉근
	Humerus 위팔뼈/상완골	Adduction 모음/내전	Pectoralis major 큰가슴근/대흉근 Coracobrachialis 부리위팔근/오훼완근 Latissimus dorsi 넓은등근/광배근 Teres major 큰원근/대원근
Elbow 팔꿈치/주관절	Ulna 자뼈/척골	Extension 폄/신전	Triceps brachii 위팔세갈래근/상완삼두근 Anconeus 팔꿈치근/주근
	Radius 노뼈/요골	Supination 뒤침/회외	Biceps brachii 위팔두갈래근/상완이두근 Supinator 뒤침근/회외근

1) 경추의 전방변위 및 측면회전성변위 교정

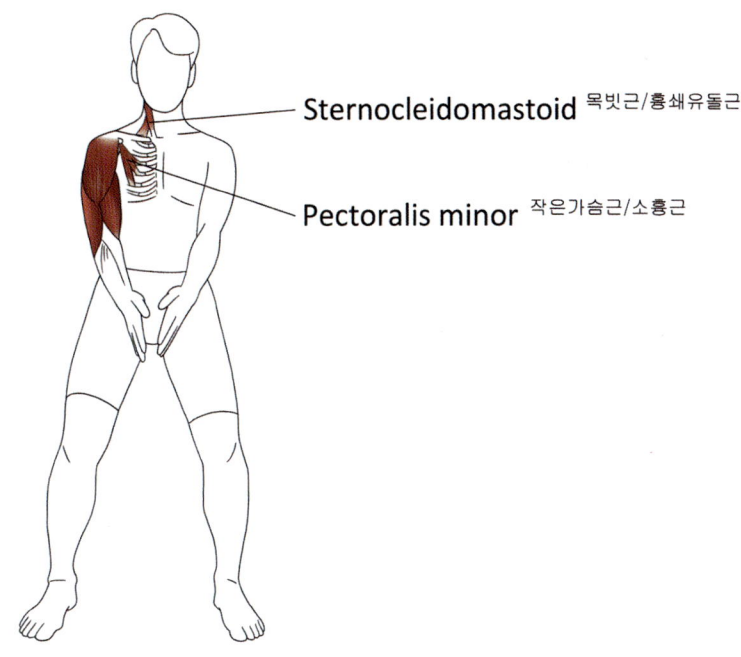

바탕손 아래안막기(양손)는 몸통안막기의 양손 동작으로 흉쇄유돌근 양쪽을 강화하여 경추의 전방변위(거북목)와 측면회전변위 교정에 효과적인 동작이다.

2) 어깨 높이 교정

(1) 바탕손 아래막기 양손 동작으로 견갑골 상각은 상방으로 올리고 견봉은 하방으로 내리는, 즉 견갑골의 하방회전에 의한 어깨를 낮추는 작용을 한다.

(2) 익상견갑(Winging scapula) 교정 효과
   - 전거근의 강화 작용으로 견갑골의 안전화에 영향을 미치며 전거근의 약화로 인해 견갑골 내측연(척추연)이 뜨는 증상인 익상견갑(Winging scapula) 증상을 개선하는 작용을 한다.

3) 인체에 미치는 효과

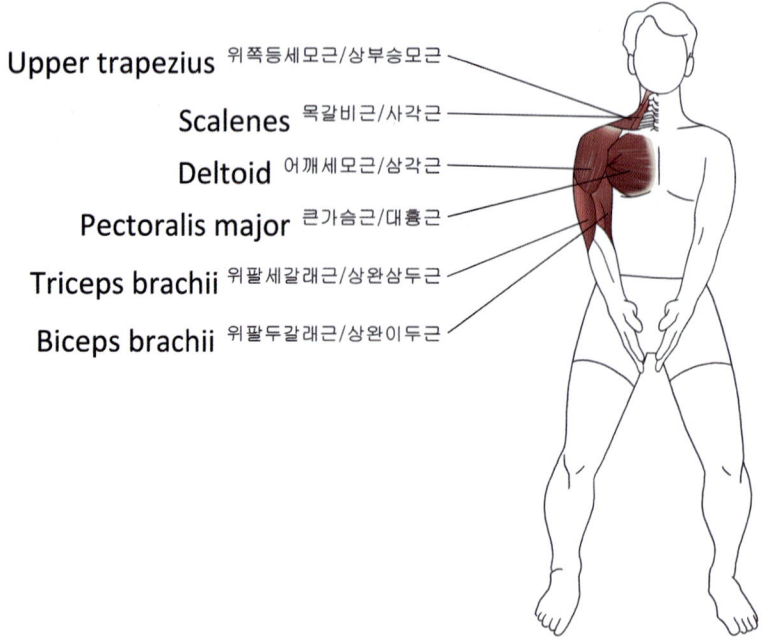

(1) 스트레스로 경직된 승모근 상부 이완으로 피로감을 해소한다.

(2) 긴장성 두통의 중요한 원인근으로 경직된 승모근 이완은 두통을 예방한다.

<바탕손 아래(내려)안막기(양손)>

1) 운동 방법

① 준비 자세

② 양손을 귀 뒤에서 손을 펴고 손등이 안쪽을 향하게 하며 준비한다.

③ 양손이 낭심까지 밑으로 향하게 하며 이때, 양 손바닥은 마주보게 한다.

2) 운동 빈도

사진 ②~③ 까지 10회 3set

3) 동작 시 유의사항

- 위에서 아래로가 아닌 사선으로 막아야 한다.
- 고개가 과하게 앞으로 빠지지 않게 하며, 좌우 기울기 균형을 맞춘다.
- 어깨가 너무 처지지 않도록 하며, 등이 뒤로 굽지 않게 주의한다.

4) 유사 동작

바탕손 아래(내려)안막기

13 견갑골과 경추의 자세 변화

우리의 인체는 골반이나 척추, 견갑대 등 인체의 구조들이 측면으로 기울게 되면 귀속 내이의 달팽이관에서 인체가 한쪽으로 기우는 것을 방지하는 프로그램이 작동되어 인체의 수평을 유지한다. 예를들면 우측 어깨(견갑골)가 상방변위하면 경추는 좌측으로 기울어지게 되어 수평 유지가 어려워진다. 이를 방지하기 위해 수평담당기관에서는 경추를 우측 측면으로 기울어지게 하여 어깨가 더 이상 상방변위 하는 것을 막는다. 즉 견갑골이 상방변위된 변위측으로 경추가 측면 굴곡 또는 회전하여 어깨의 상방변위 진행을 막아준다. 또한, 견갑골이 하방변위 되면 경추는 하방변위측으로 당겨가게 되는데 이를 방지하기 위해 경추를 반대측으로 기울게 하여 더 이상 하방변위를 막아 인체 수평을 유지한다. 즉 경추는 견갑골의 변위형태에 따라 동측 또는 반대측으로 기울어 인체 수평 유지를 돕는다. 위 내용들을 근거로 견갑골과 경추의 변위형태의 예를들면 다음과 같다.

대부분 변위에 경추의 전방변위를 포함하고 측면변위 또한 회전변위와 동반하여 발생한다는 추측 하에

첫째,
견갑골이 위로 변위하는 거상과 상방회전변위에 의한 경추의 동측 전하방회전변위와 후상방회전변위
둘째,
견갑골이 아래로 변위하는 하강과 하방회전변위에 의한 경추의 반대측 전하방회전변위와 후상방회전변위
셋째,
견갑골이 앞과 뒤로 변위하는 전인과 후인에 의한 경추의 수평회전변위 등 크게 세 가지의 복합변위로 분류할 수 있다.

14 견갑골 변위에 의한 경추의 변위 가능성

1. 견갑골 거상변위

견갑골이 거상변위 하였을 때 승모근 상부와 견갑거근은 정지점이 기시점으로 당겨갔기 때문에 정지점 측의 근육이 짧아진다. 더 이상 거상변위를 막기 위해 경추는 동측하방으로 변위할 가능성이 높다.

2. 견갑골 상방회전변위

견갑골 상방회전변위일 때 견갑골의 견봉은 상방내측으로 이동되어 승모근을 단축시키고, 견갑골 상각은 내측과 하방으로 이동되어 견갑거근은 늘어나게 된다. 승모근 단축과 견갑거근이 신장되어 발생되는 견갑골 상방회전변위를 막기 위해 경추는 동측 뒤 약 45° 방향(견갑골상각)으로 기울어지는 변위가 될 가능성이 높다.

3. 견갑골 하강변위

견갑골 하강변위일 때 견갑골은 하방으로 이동되어 승모근 상부와 견갑거근은 정지점이 기시점으로부터 멀어져 정상 길이보다 길어지게 된다. 때문에 더 이상 하방변위를 막기 위해 경추는 반대측 하방으로 변위할 가능성이 높다.

4. 견갑골 하방회전변위

견갑골 하방회전변위일 때 견갑골 상각은 외측 상방으로 이동되어 승모근 상부는 신장하게 되고 견갑거근은 정지점이 기시점으로 다가가서 정상 길이보다 짧아지게 된다. 더 이상 하방회전변위를 막기 위해 경추는 반대측 뒤 방향(견갑골상각)으로 45° 기울며 변위할 가능성이 높다.

5. 견갑골의 전인변위

견갑골이 전인변위일때 승모근 상부와 견갑거근은 정지점이 기시점을 당겨 인체전면으로 약간 길어지게 된다. 때문에 경추는 반대측으로 회전하게 되는데 견갑골 전인과 경추의 반대측 회전은 인체를 한쪽 방향으로 계속 회전하게 한다. 이런 현상을 막기 위해 경추는 동측으로 회전하여 인체가 한쪽 방향으로 회전하는 것을 막아줄 가능성이 높다.

6. 견갑골의 후인변위

견갑골의 후인변위일 때 승모근 상부와 견갑거근은 정지점이 기시점으로 다가가 인체 후면으로 약간 짧아지게 된다. 때문에 경추는 반대측으로 회전하여 인체가 한쪽 방향으로 회전하는 것을 막아줄 가능성이 높다.

15 견갑골과 경추의 복합변위 교정 운동법

1. 견갑골 거상과 경추의 동측 하방회전변위

위의 자세를 교정하는 태권도 동작으로 동측 아래옆막기와 반대측 얼굴옆막기를 실시한다. 동측 아래옆막기는 거상변위를 하강시켜 정상으로 교정하기 위함이며 반대측 얼굴옆막기는 경추의 동측 하방회전변위를 교정하기 위한 동작이다. 때문에 시선은 얼굴옆막기 동작의 방향을 향하게 한다.

2. 견갑골 상방 회전과 경추의 동측 상방회전변위

위의 자세를 교정하는 태권도 동작으로 동측 바탕손아래막기와 반대측 얼굴막기를 실시한다. 동측 바탕손아래막기는 견갑골의 상방회전변위를 하방회전시켜 정상으로 교정하기 위함이며 반대측 얼굴막기는 경추의 동측 상방회전변위를 교정하기 위한 동작이다. 때문에 시선은 얼굴막기 동작의 방향을 향하게 한다.

3. 견갑골 하강과 경추의 반대측 하방회전변위

위의 자세를 교정하는 태권도 동작으로 동측 얼굴옆막기를 실시한다. 이 동작으로 견갑골의 하강과 경추의 반대측 하방회전변위를 교정할 수 있으며 도움을 주는 동작으로 반대측 아래옆막기를 실시하면 더욱 효과적이다.

4. 견갑골 하방회전과 경추의 반대측 상방회전변위

위의 자세를 교정하기 위한 태권도 동작으로 동측 얼굴막기를 실시한다. 이 동작으로 견갑골의 하방회전과 경추의 반대측 하방회전변위를 교정할 수 있으며 도움을 주는 동작으로 반대측 바탕손아래막기를 실시하면 더욱 효과적이다.

5. 견갑골의 전인과 경추의 동측 수평회전

위의 자세를 교정하기 위한 태권도 동작으로 멍에치기를 실시하며 시선은 전인된 견갑골의 반대 방향을 향하게 한다.

6. 견갑골의 후인과 경추의 반대측 수평회전

위의 자세를 교정하기 위한 태권도 동작으로 동측 몸통안막기를 실시한다.

어깨	목	교정동작
거상	동측 하방변위	- 동측 아래옆막기 - 반대측 얼굴막기(시선)
상방회전	동측 상방회전변위	- 동측 바탕손아래막기 - 반대측 얼굴막기(시선)
하강	반대측 하방회전변위	- 동측 얼굴옆막기(시선) - 반대측 아래옆막기
하방회전	반대측 상방회전변위	- 동측 얼굴막기(시선) - 반대측 바탕손아래막기
전인	동측 수평회전변위	- 멍에치기(시선 반대측)
후인	반대측 수평회전변위	- 동측 몸통안막기

※ 동측 반대측의 기준은 견갑대이다.

04

IV. 골반과 하지

　골반과 하지 동작을 해부학적으로 분석하기 위해 하지의 준비자세와 진행 동작의 움직임보다는 마지막 동작을 위주로 해석하여 주동근과 길항근이 단축성으로 작용하였는지 신장성으로 작용하였는지 분석하였습니다. 이와 같은 분석들은 재활운동 프로그램이나 부분 근력 강화 시 매우 중요하게 활용됩니다. 또 two-joint muscle이 두 관절에서 단축성과 신장성 중 어떻게 작용하는지를 분석하였습니다.
　마지막으로 근육의 중요성과 하지의 서기 동작을 연결하여 수련하였을 때 얻게 되는 좋은 점들을 간략하게 기술하였습니다.

1 골반의 구조와 하지 길이 차이

골반은 2개의 볼기뼈와 엉치뼈, 꼬리뼈의 구조로 이루어져 있다. 골반의 변위는 엉치뼈와 엉덩뼈에 의해 이루어지는데 엉덩뼈는 기본적으로 엉덩뼈의 후상장골극(PSIS)이 전상방으로 변위하는(AS) 변위와 후하방으로 변위하는(PI) 변위, PSIS가 엉치뼈 쪽으로 다가가는(IN) 변위와 멀어지는(EX) 변위 그리고 이들의 복합변위가 있다. 골반에 변위가 발생하면 하지의 길이에도 영향을 미친다.

하지 길이 차이는 하지 길이 불균형(Leg Length Inequality, LLI) 또는 하지 길이 불일치(Leg Length Discrepancy, LLD)라고 하며 구조적 하지 길이 차이(Structural Leg Length Inequality)와 기능적 하지 길이 차이(Functional Leg Length Inequality)로 분류된다. 구조적 하지 길이 차이는 대퇴골 및 경골이 사고나 선천성에 의한 뼈의 길이에 불균형이 존재하여 실제적 길이 편차가 있는 것을 말하고 기능적 하지 길이 차이는 골반과 무릎관절 발목관절의 어떤 부분이 변형되어 기능장애가 발생하는 것을 말한다. 특히 엉치뼈와 엉덩뼈의 기능장애가 하지 길이 차이를 발생시키는데 엉덩뼈의 AS 변위와 IN 변위는 외관상 하지 길이가 길어 보이고 엉덩뼈의 PI 변위와 EX 변위는 외관상 하지 길이가 짧아 보인다. 기능적 하지 길이 차이는 특정한 관절이나 근육에 지나친 부담을 주게 되어 통증을 일으키고 척추의 변형으로 2차적인 신체 질환을 일으켜 심신을 약화시킨다. 기능적 하지 길이 차이를 교정하는 방법으로 태권도 하지 동작의 앞굽히기 동작과 범서기 동작이 매우 효과적이다.

앞굽이 동작의 앞쪽다리는 대둔근과 햄스트링의 편심성 수축으로 골반을 후방경사 시키고 뒤쪽 다리는 장요근, 치골근, 내전근군, 대퇴직근, 대퇴근막장근, 봉공근의 편심성 수축으로 골반을 전방경사 시킨다. 즉, 앞쪽 다리의 골반은 후방(PI)시키고 뒤쪽 다리의 골반은 전방(AS)시켜 서로 당겨주는 당김밧줄 역할을 하여 하지 길이 차이를 교정하는 역할을 한다.

범서기 동작은 하지 길이가 긴 다리를 뒤로 보내어 체중을 지지하게 하면 대둔근과 햄스트링이 신장성 수축으로 골반은 후방경사된다. 또 하복근의 수축으로 골반 후방경사와 엉덩허리근을 이완시키는 효과적인 협력 수축을 유도한다. 또한 짧은쪽 다리를 앞으로 보내어 상대적으로 긴 쪽 다리의 전방경사를 유도하여 하지 길이를 교정하는 역할을 한다.

2 앞서기

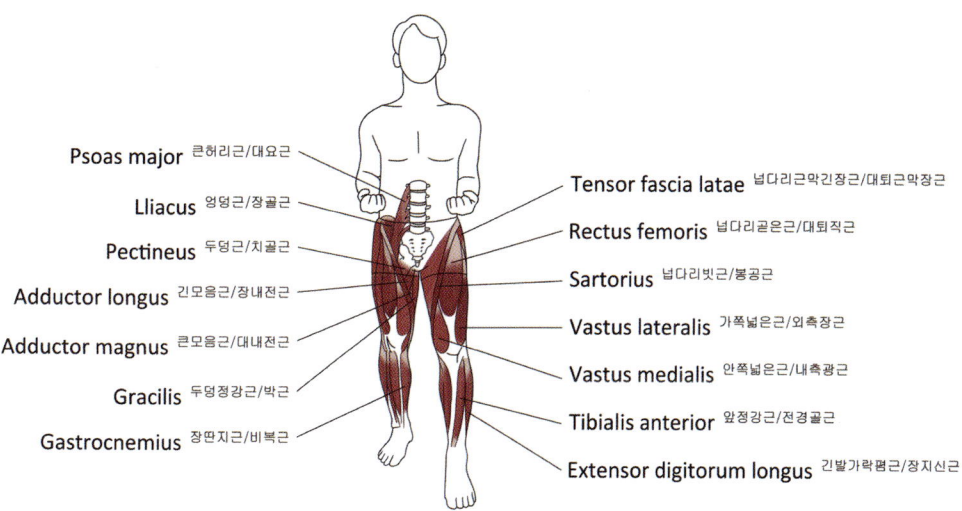

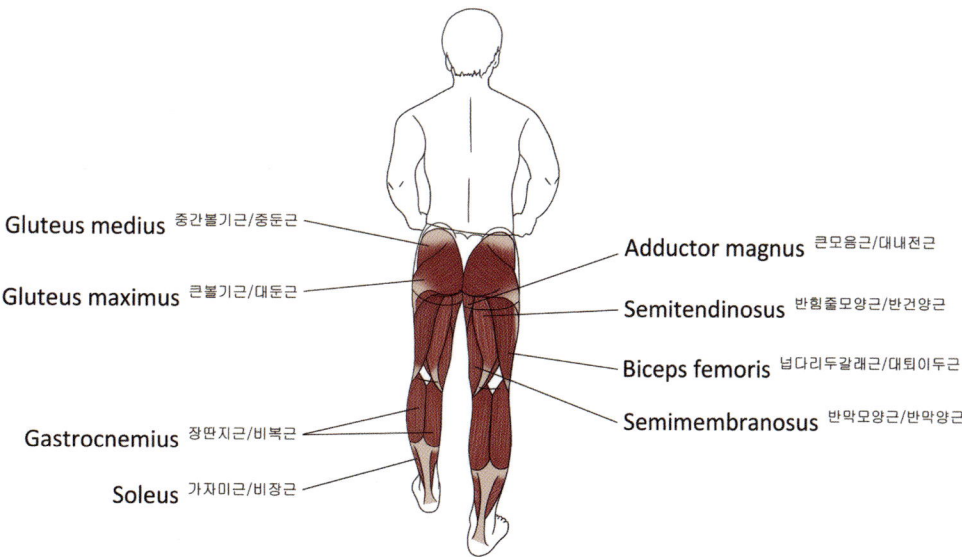

IV. 골반과 하지 | **169**

앞서기 동작의 주된 작용 다리는 뒤쪽 다리이다. 앞서기 뒷다리의 관절 작용은 고관절 신전, 무릎관절 신전, 발목관절은 배측굴곡을 한다. 앞서기 동작의 뒷다리는 CKC 운동으로 길항근인 편심성 수축이 우세하다. 때문에 고관절 굴곡, 무릎관절 굴곡, 발목관절 저측굴곡근이 신장성으로 우세한 근육들이다. Two-joint muscle의 근수축 형태는 고관절 신전근으로 작용한 햄스트링은 고관절 부위에서 단축성으로, 무릎관절 부위에서는 신장성으로 작용하고 대퇴직근 대퇴근막장근, 봉공근은 고관절 부위에서는 신장성으로 작용하고 무릎관절 부위에서는 대퇴직근, 대퇴근막장근은 단축성으로 봉공근과 박근은 신장성으로 작용한다. 또한 비복근과 족척근은 무릎관절과 발목관절 모두에서 신장성으로 작용한다.

※ 앞서기 앞쪽다리 동작의 해부학적 관절 작용과 관련 근육은 다음과 같다

	관절	작용	근수축의 종류	근육
앞쪽 다리	Hip joint 엉덩관절/ 고관절	Flexion 굽힘/굴곡	단축성	Iliopsoas 엉덩허리근/장요근 Pectineus 두덩근/치골근 Adductors 모음근군/내전근군 Tensor fascia latae 넙다리근막긴장근/대퇴근막장근 Rectus femoris 넙다리곧은근/대퇴직근 Sartorius 넙다리빗근/봉공근
		Extension 폄/신전	신장성	Gluteus maximus 큰볼기근/대둔근 Hamstring 뒤넙다리근/슬괵근 Adductor magnus 큰모음근/대내전근
	Knee joint 무릎관절/ 슬관절	Flexion 굽힘/굴곡	단축성	Hamstring 뒤넙다리근/슬괵근 Sartorius 넙다리빗근/봉공근 Gracilis 두덩정강근/박근 Gastrocnemius 장딴지근/비복근 Plantaris 장딴지빗근/족척근 Popliteus 오금근/슬와근
		Extension 폄/신전	신장성	Vastus lateralis 가쪽넓은근/외측광근 Vastus intermedius 중간넓은근/중간광근 Vastus medialis 안쪽넓은근/내측광근 Rectus femoris 넙다리곧은근/대퇴직근 Tensor fascia latae 넙다리근막긴장근/대퇴근막장근
	Ankle joint 발목관절/ 족관절	Dorsi flexion 발등굽힘 /배측굴곡	단축성	Tibialis anterior 앞정강근/전경골근 Extensor digitorum longus 긴발가락폄근/장지신근 Peroneus tertius 셋째종아리근/제3비골근 Extensor hallucis longus 긴엄지발가락폄근/장모지신근
		Plantar flexion 발바닥굽힘 /저측굴곡	신장성	Soleus 비장근/가자미근 Gastrocnemius 장딴지근/비복근 Plantaris 장딴지빗근/족척근 Peroneus longus 긴종아리근/장비골근 Peroneus brevis 짧은종아리근/단비골근 Tibialis posterior 뒤정강근/후경골근 Flexor digitorum longus 긴발가락굽힘근/장지굴근 Flexor hallucis longus 긴엄지발가락굽힘근/장모지굴근

※ 앞서기 뒤쪽다리 동작의 해부학적 관절 작용과 관련 근육은 다음과 같다

	관절	작용	근수축의 종류	근육
뒤쪽 다리	Hip joint 엉덩관절/ 고관절	Flexion 굽힘/굴곡	신장성	Iliopsoas 엉덩허리근/장요근 Pectineus 두덩근/치골근 Adductors 모음근군/내전근군 Tensor fascia latae 넙다리근막긴장근/대퇴근막장근 Rectus femoris 넙다리곧은근/대퇴직근 Sartorius 넙다리빗근/봉공근
		Extension 폄/신전	단축성	Gluteus maximus 큰볼기근/대둔근 Hamstring 뒤넙다리근/슬괵근 Adductor magnus 큰모음근/대내전근
	Knee joint 무릎관절/ 슬관절	Flexion 굽힘/굴곡	신장성	Hamstring 뒤넙다리근/슬괵근 Sartorius 넙다리빗근/봉공근 Gracilis 두덩정강근/박근 Gastrocnemius 장딴지근/비복근 Plantaris 장딴지빗근/족척근 Popliteus 오금근/슬와근
		Extension 폄/신전	단축성	Vastus lateralis 가쪽넓은근/외측광근 Vastus intermedius 중간넓은근/중간광근 Vastus medialis 안쪽넓은근/내측광근 Rectus femoris 넙다리곧은근/대퇴직근 Tensor fascia latae 넙다리근막긴장근/대퇴근막장근
	Ankle joint 발목관절/ 족관절	Dorsi flexion 발등굽힘 /배측굴곡	단축성	Tibialis anterior 앞정강근/전경골근 Extensor digitorum longus 긴발가락폄근/장지신근 Peroneus tertius 셋째종아리근/제3비골근 Extensor hallucis longus 긴엄지발가락폄근/장모지신근
		Plantar flexion 발바닥굽힘 /저측굴곡	신장성	Soleus 가자미근/비장근 Gastrocnemius 장딴지근/비복근 Plantaris 장딴지빗근/족척근 Peroneus longus 긴종아리근/장비골근 Peroneus brevis 짧은종아리근/단비골근 Tibialis posterior 뒤정강근/후경골근 Flexor digitorum longus 긴발가락굽힘근/장지굴근 Flexor hallucis longus 긴엄지발가락굽힘근/장모지굴근

<앞서기>
1) 운동 방법
① 준비 자세

② 앞뒤 보폭은 걸어가다 멈췄을 때의 한걸음 길이로 선다. 앞발은 정면 뒷발 각도는 30°도 정도로 틀어준다. 몸을 반듯하게 세우고 몸통의 각도도 30° 정도 틀어 준다.

2) 운동 빈도
사진 ①~②까지 10회 좌, 우 반복 3set

3) 동작 시 유의사항
- 보폭이 너무 넓거나 너무 좁지 않도록 주의한다.
- 몸의 중심축이 틀어지지 않도록 주의한다.

3 앞굽이

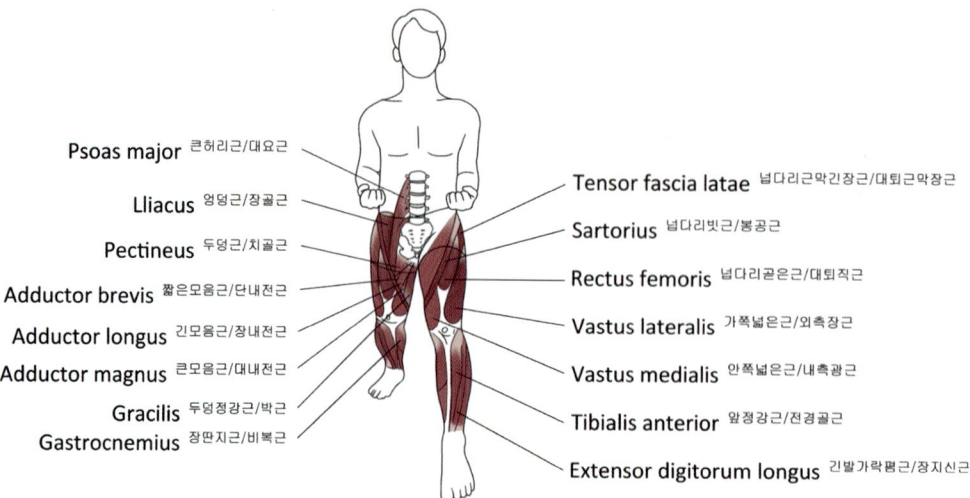

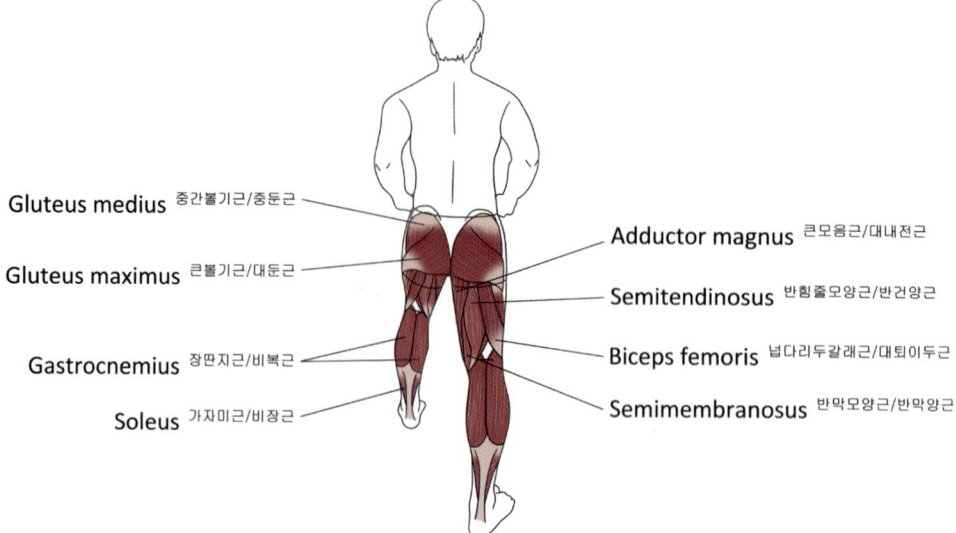

앞굽히기 동작의 주된 작용 다리는 뒤쪽 다리이다. 앞굽히기 뒷다리의 관절 작용은 고관절 신전과 외회전, 무릎관절 신전, 발목관절은 배측굴곡을 한다. 앞굽히기 동작의 뒷다리는 CKC운동으로 길항근인 편심성 수축이 우세하기 때문에 고관절 굴곡과 내회전, 무릎관절 굴곡, 발목관절의 저측굴곡근이 신장성으로 우세한 근육들이다. Two-joint muscle의 근수축 형태는 고관절 신전근으로 작용한 햄스트링의 고관절 부위에서는 단축성으로, 무릎관절에서는 신장성으로 작용하고 대퇴직근, 대퇴근막장근, 봉공근의 고관절에서는 신장성으로 작용하고 무릎관절에서는 대퇴직근, 대퇴근막장근이 단축성으로 봉공근과 박근은 신장성으로 작용한다. 또한 비복근과 족척근은 무릎관절과 발목관절 모두에서 신장성으로 작용한다.

※ 앞굽이 앞쪽다리 동작의 해부학적 관절 작용과 관련 근육은 다음과 같다

	관절	작용	근수축의 종류	근육
앞쪽 다리	Hip joint 엉덩관절/ 고관절	Flexion 굽힘/굴곡	단축성	Iliopsoas 엉덩허리근/장요근 Pectineus 두덩근/치골근 Adductors 모음근군/내전근군 Tensor fascia latae 넙다리근막긴장근/대퇴근막장근 Rectus femoris 넙다리곧은근/대퇴직근 Sartorius 넙다리빗근/봉공근
		Extension 폄/신전	신장성	Gluteus maximus 큰볼기근/대둔근 Hamstring 뒤넙다리근/슬곡근 Adductor magnus 큰모음근/대내전근
	Knee joint 무릎관절/ 슬관절	Flexion 굽힘/굴곡	단축성	Hamstring 뒤넙다리근/슬곡근 Sartorius 넙다리빗근/봉공근 Gracilis 두덩정강근/박근 Gastrocnemius 장딴지근/비복근 Plantaris 장딴지빗근/족척근 Popliteus 오금근/슬와근
		Extension 폄/신전	신장성	Vastus lateralis 가쪽넓은근/외측광근 Vastus intermedius 중간넓은근/중간광근 Vastus medialis 안쪽넓은근/내측광근 Rectus femoris 넙다리곧은근/대퇴직근 Tensor fascia latae 넙다리근막긴장근/대퇴근막장근
	Ankle joint 발목관절/ 족관절	Dorsi flexion 발등굽힘 /배측굴곡	단축성	Tibialis anterior 앞정강근/전경골근 Extensor digitorum longus 긴발가락폄근/장지신근 Peroneus tertius 셋째종아리근/제3비골근 Extensor hallucis longus 긴엄지발가락폄근/장모지신근
		Plantar flexion 발바닥굽힘 /저측굴곡	신장성	Soleus 비장근/가자미근 Gastrocnemius 장딴지근/비복근 Plantaris 장딴지빗근/족척근 Peroneus longus 긴종아리근/장비골근 Peroneus brevis 짧은종아리근/단비골근 Tibialis posterior 뒤정강근/후경골근 Flexor digitorum longus 긴발가락굽힘근/장지굴근 Flexor hallucis longus 긴엄지발가락굽힘근/장모지굴근

※ 앞굽이 뒤쪽다리 동작의 해부학적 관절 작용과 관련 근육은 다음과 같다

	관절	작용	근수축의 종류	근육
뒤쪽 다리	Hip joint 엉덩관절/ 고관절	Flexion 굽힘/굴곡	신장성	Iliopsoas 엉덩허리근/장요근 Pectineus 두덩근/치골근 Adductors 모음근군/내전근군 Tensor fascia latae 넙다리근막긴장근/대퇴근막장근 Rectus femoris 넙다리곧은근/대퇴직근 Sartorius 넙다리빗근/봉공근
		Extension 폄/신전	단축성	Gluteus maximus 큰볼기근/대둔근 Hamsting 뒤넙다리근/슬괵근 Adductor magnus 큰모음근/대내전근
	Knee joint 무릎관절/ 슬관절	Flexion 굽힘/굴곡	신장성	Hamsting 뒤넙다리근/슬괵근 Sartorius 넙다리빗근/봉공근 Gracilis 두덩정강근/박근 Gastrocnemius 장딴지근/비복근 Plantaris 장딴지빗근/족척근 Popliteus 오금근/슬와근
		Extension 폄/신전	단축성	Vastus lateralis 가쪽넓은근/외측광근 Vastus intermedius 중간넓은근/중간광근 Vastus medialis 안쪽넓은근/내측광근 Rectus femoris 넙다리곧은근/대퇴직근 Tensor fascia latae 넙다리근막긴장근/대퇴근막장근
	Ankle joint 발목관절/ 족관절	Dorsi flexion 발등굽힘/배측굴곡	단축성	Tibialis anterior 앞정강근/전경골근 Extensor digitorum longus 긴발가락폄근/장지신근 Peroneus tertius 셋째종아리근/제3비골근 Extensor hallucis longus 긴엄지발가락폄근/장모지신근
		Plantar flexion 발바닥굽힘/저측굴곡	신장성	Soleus 가자미근/비장근 Gastrocnemius 장딴지근/비복근 Plantaris 장딴지빗근/족척근 Peroneus longus 긴종아리근/장비골근 Peroneus brevis 짧은종아리근/단비골근 Tibialis posterior 뒤정강근/후경골근 Flexor digitorum longus 긴발가락굽힘근/장지굴근 Flexor hallucis longus 긴엄지발가락굽힘근/장모지굴근

<앞굽이>

1) 운동 방법

① 준비 자세

② 준비 자세에서 왼발이 한 걸음 반 정도로 앞으로 내딛는다. 이 때 몸을 반듯하게 서서 땅을 내려다 봤을 때 앞에 있는 무릎과 발끝이 일치되도록 무릎과 몸을 낮춰준다. 뒷발의 내각은 30° 정도로 벌려주고 뒤쪽 다리는 굽혀지지 않게 지지하며 펴준다.

2) 운동 빈도

사진 ①~②까지 10회 3set

3) 동작 시 유의사항

- 몸의 중심축이 무너지지 않도록 한다.
- 뒤쪽 다리가 굽혀지거나 뒷발 내각이 30° 이상 벌어지지 않도록 한다.

4 뒷굽이

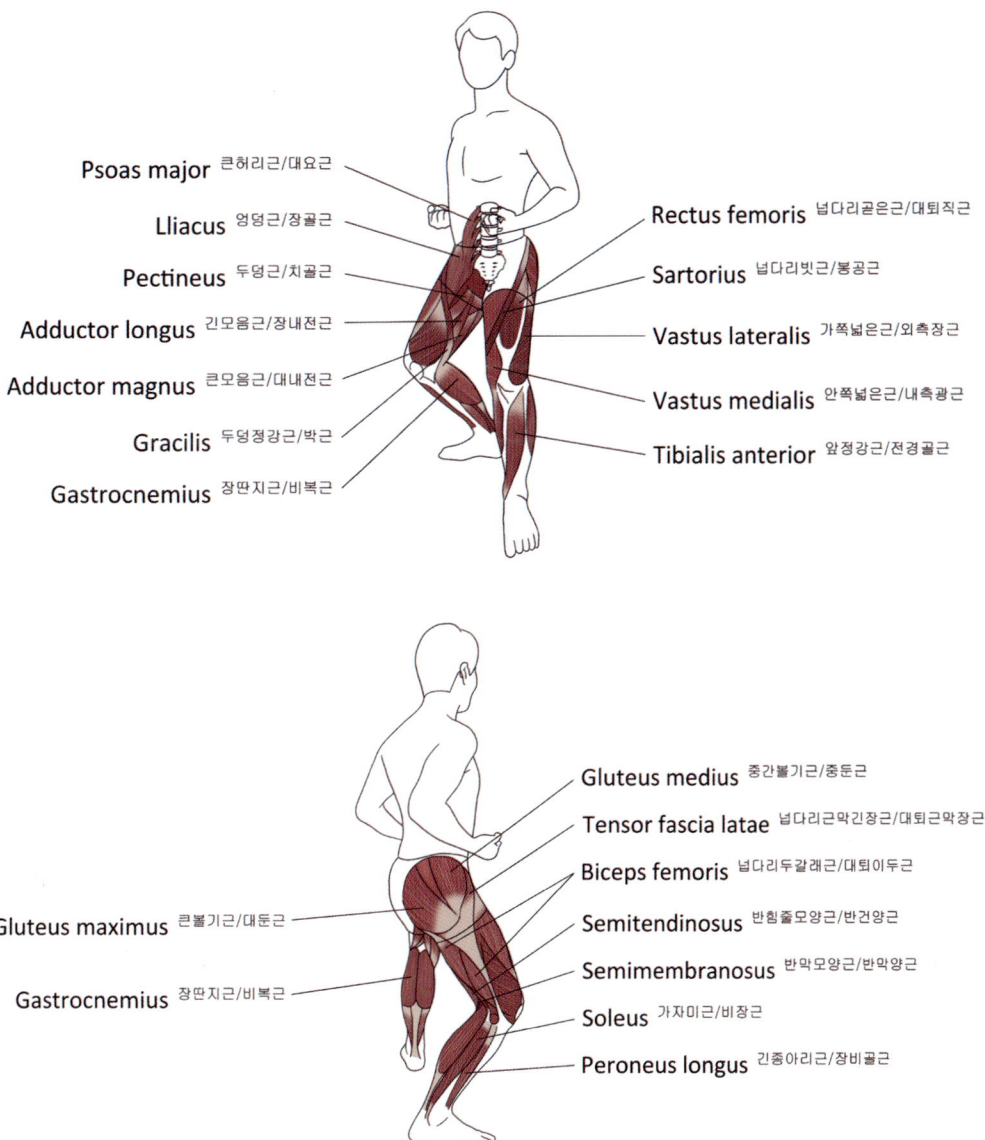

IV. 골반과 하지 | 179

뒷굽이 동작의 주된 작용 다리는 뒤쪽 다리이다. 뒷굽이 뒷다리의 관절 작용은 고관절 굴곡, 외전, 외회전, 무릎관절 굴곡 발목관절은 배측굴곡을 한다. 뒷굽이 동작의 뒤쪽 다리는 CKC운동으로 길항근인 편심성 수축이 우세하다. 때문에 고관절의 신전, 내전, 내회전, 무릎관절 신전, 발목관절 저측굴곡근이 신장성으로 우세한 근육들이다. Two-joint muscle의 근수축 형태는 고관절 신전근으로 작용한 햄스트링의 고관절 부위에서는 신장성으로 무릎관절에서는 단축성으로 작용한다. 대퇴직근, 대퇴근막장근, 봉공근은 고관절 부위에서는 단축성으로 작용하고 무릎관절 부위에서 대퇴직근과 대퇴근막장근은 신장성으로 작용하며, 봉공근은 단축성으로 작용한다. 박근은 고관절 부위에서 신장성으로 무릎관절에서는 단축성으로 작용한다. 또한 무릎관절에서 단축성으로 작용하는 비복근과 족척근은 발목관절에서는 신장성으로 작용한다.

※ 뒷굽이 앞쪽다리 동작의 해부학적 관절 작용과 관련 근육은 다음과 같다

	관절	작용	근수축의 종류	근육
앞쪽 다리	Hip joint 엉덩관절/ 고관절	Flexion 굽힘/굴곡	단축성	Iliopsoas 엉덩허리근/장요근 Pectineus 두덩근/치골근 Adductors 모음근군/내전근군 Tensor fascia latae 넙다리근막긴장근/대퇴근막장근 Rectus femoris 넙다리곧은근/대퇴직근 Sartorius 넙다리빗근/봉공근
		Extension 폄/신전	신장성	Gluteus maximus 큰볼기근/대둔근 Hamstring 슬괵근/뒤넙다리근 Adductor magnus 큰모음근/대내전근
		Abduction 벌림/외전	단축성	Gluteus medius 중간볼기근/중둔근 Gluteus minimus 작은볼기근/소둔근 Iliopsoas 엉덩허리근/장요근 Tensor fascia latae 넙다리근막긴장근/대퇴근막장근 Sartorius 넙다리빗근/봉공근
		Adduction 모음/내전	신장성	pectineus 두덩근/치골근 Adductors 모음근군/내전근군 Gracilis 두덩정강근/박근
		External rotation 바깥돌림/외회전	단축성	External rotators /바깥돌림금군/외회전근군 Gluteus maximus 큰볼기근/대둔근 Iliopsoas 엉덩허리근/장요근
		Internal rotation 안쪽돌림/내회전	신장성	Gluteus medius 중간볼기근/중둔근 Gluteus minimus 작은볼기근/소둔근 Tensor fascia latae 넙다리근막긴장근/대퇴근막장근 Pectineus 두덩근/치골근 Adductors 모음근군/내전근군
	Knee joint 무릎관절/ 슬관절	Flexion 굽힘/굴곡	단축성	Hamstring 뒤넙다리근/슬괵근 Sartorius 넙다리빗근/봉공근 Gracilis 두덩정강근/박근 Gastrocnemius 장딴지근/비복근 Plantaris 장딴지빗근/족척근 Popliteus 오금근/슬와근
		Extension 폄/신전	신장성	Vastus lateralis 가쪽넓은근/외측광근 Vastus intermedius 중간넓은근/중간광근 Vastus medialis 안쪽넓은근/내측광근 Rectus femoris 넙다리곧은근/대퇴직근 Tensor fascia latae 넙다리근막긴장근/대퇴근막장근
	Ankle joint 발목관절/ 족관절	Dorsi flexion 발등굽힘/배측굴곡	신장성	Tibialis anterior 앞정강근/전경골근 Extensor digitorum longus 긴발가락폄근/장지신근 Peroneus tertius 셋째종아리근/제3비골근 Extensor hallucis longus 긴엄지발가락폄근/장모지신근
		Plantar flexion 발바닥굽힘/저측굴곡	단축성	Soleus 가자미근/비장근 Gastrocnemius 장딴지근/비복근 Plantaris 장딴지빗근/족척근 Peroneus longus 긴종아리근/장비골근 Peroneus brevis 짧은종아리근/단비골근 Tibialis posterior 뒤정강근/후경골근 Flexor digitorum longus 긴발가락굽힘근/장지굴근 Flexor hallucis longus 긴엄지발가락굽힘근/장모지굴근

※ 뒷굽이 뒤쪽다리 동작의 해부학적 관절 작용과 관련 근육은 다음과 같다

	관절	작용	근수축의 종류	근육
뒤쪽 다리	Hip joint 엉덩관절/ 고관절	Flexion 굴곡/굽힘	단축성	Iliopsoas 엉덩허리근/장요근 Pectineus 두덩근/치골근 Adductors 모음근군/내전근군 Tensor fascia latae 넙다리근막긴장근/대퇴근막장근 Rectus femoris 넙다리곧은근/대퇴직근 Sartorius 넙다리빗근/봉공근
		Extension 폄/신전	신장성	Gluteus maximus 큰볼기근/대둔근 Hamstring 뒤넙다리근/슬괵근 Adductor magnus 큰모음근/대내전근
		Abduction 벌림/외전	단축성	Gluteus medius 중간볼기근/중둔근 Gluteus minimus 작은볼기근/소둔근 Iliopsoas 엉덩허리근/장요근 Tensor fascia latae 넙다리근막긴장근/대퇴근막장근 Sartorius 넙다리빗근/봉공근
		Adduction 모음/내전	신장성	Pectineus 두덩근/치골근 Adductors 모음근군/내전근군 Gracilis 두덩정강근/박근
		External rotation 바깥돌림/외회전	단축성	External rotators 바깥돌림근군/외회전근군 Gluteus maximus 큰볼기근/대둔근 Iliopsoas 엉덩허리근/장요근
		Internal rotation 안쪽돌림/내회전	신장성	Gluteus medius 중간볼기근/중둔근 Gluteus minimus 작은볼기근/소둔근 Tensor fascia latae 넙다리근막긴장근/대퇴근막장근 Pectineus 두덩근/치골근 Adductors 모음근군/내전근군
	Knee joint 무릎관절/ 슬관절	Flexion 굽힘/굴곡	단축성	Hamstring 뒤넙다리근/슬괵근 Sartorius 넙다리빗근/봉공근 Gracilis 두덩정강근/박근 Gastrocnemius 장딴지근/비복근 Plantaris 장딴지빗근/족척근 Popliteus 오금근/슬와근
		Extension 폄/신전	신장성	Vastus lateralis 바깥넓은근/외측광근 Vastus intermedius 중간넓은근/중간광근 Vastus medialis 안쪽넓은근/내측광근 Rectus femoris 넙다리곧은근/대퇴직근 Tensor fascia latae 넙다리근막긴장근/대퇴근막장근
	Ankle joint 발목관절/ 족관절	Dorsi flexion 발등굽힘/배측굴곡	단축성	Tibialis anterior 앞정강근/전경골근 Extensor digitorum longus 긴발가락폄근/장지신근 Peroneus tertius 셋째종아리/제3비골근 Extensor hallucis longus 긴엄지발가락폄근/장모지신근
		Plantar flexion 발바닥굽힘/저측굴곡	신장성	Soleus 가자미근/비장근 Gastrocnemius 장딴지근/비복근 Plantaris 장딴지빗근/족척근 Peroneus longus 긴종아리근/장비골근 Peroneus brevis 짧은종아리근/단비골근 Tibialis posterior 뒤정강근/후경골근 Flexor digitorum longus 긴발가락굽힘근/장지굴근 Flexor hallucis longus 긴엄지발가락굽힘근/장모지굴근

<뒷굽이>

1) 운동 방법

① 준비 자세

② 뒷발을 90° 벌려 선 상태에서 앞발을 한걸음 길이로 내딛으며 몸을 반듯하게 세우고 두 무릎을 양 발끝 방향으로 굽혀 몸을 낮춘다.

③ 몸을 낮출 때 무릎은 뒤발 끝 지면과 60-70° 되게 굽히고 앞발 무릎은 정면(왼발 끝 방향)으로 지면에서 100-110° 가량 약간 구부린다. 두 무릎이 90°가 되게 한다.

2) 운동 빈도

사진 ①~③까지 10회 좌, 우 반복 3set

3) 동작 시 유의사항

- 뒷무릎이 열리지 않도록 한다.
- 몸의 중심축이 무너지지 않도록 한다.
- 엉덩이가 뒤로 빠지면서 범서기 같은 형태가 되지 않도록 한다.

IV. 골반과 하지 | **183**

5 범서기

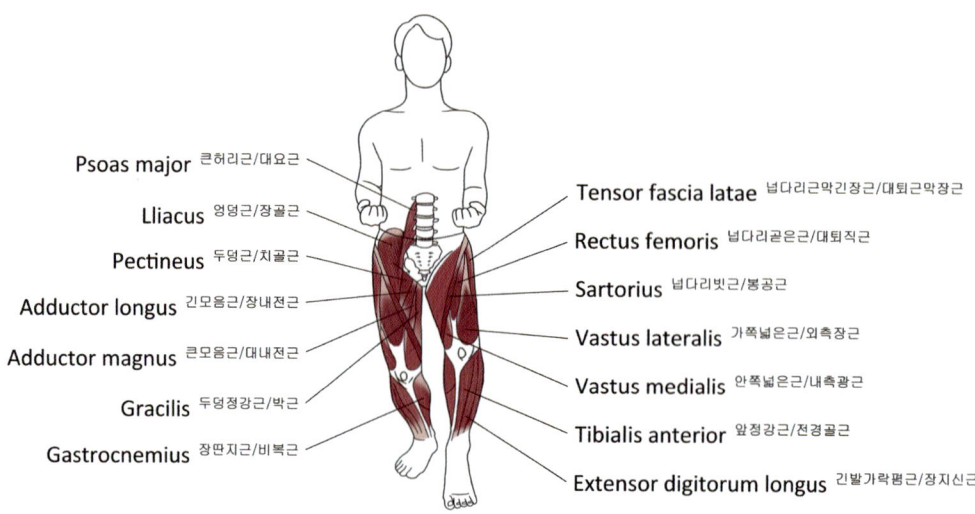

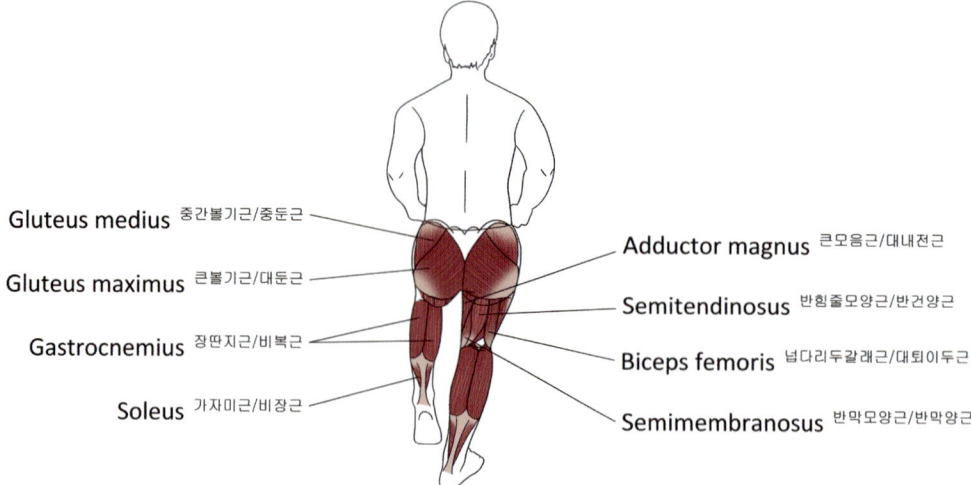

범서기 동작의 주된 작용 다리는 뒤쪽 다리이다. 범서기 뒷다리의 관절 작용은 고관절 굴곡과 내전, 무릎관절 굴곡, 발목관절 배측굴곡 작용을 한다. 범서기 동작의 뒷다리는 CKC 운동으로 길항근인 편심성 수축이 우세하기 때문에 고관절 신전과 외전 무릎관절 신전, 발목관절 저측굴곡근이 신장성으로 우세한 근육들이다. Two-joint muscle의 근수축 형태는 고관절 신전근으로 작용한 햄스트링의 고관절 부위에서는 신장성으로, 무릎관절 부위에서는 단축성으로 작용하고 대퇴직근, 대퇴근막장근, 봉공근, 박근은 고관절 부위에서는 단축성으로 작용하며 무릎관절 부위에서는 대퇴직근, 대퇴근막장근은 신장성으로 봉공근과 박근은 단축성으로 작용한다. 또한 무릎관절에서 단축성으로 작용한 비복근과 족척근은 발목관절에서는 신장성으로 작용한다.

※ **범서기 앞쪽다리 동작의 해부학적 관절 작용과 관련 근육은 다음과 같다**

	관절	작용	근수축의 종류	근육
앞쪽 다리	Hip joint 엉덩관절 /고관절	Flexion 굽힘/굴곡	단축성	Iliopsoas 엉덩허리근/장요근 Pectineus 두덩근/치골근 Adductors 모음근군/내전근군 Tensor fascia latae 넙다리근막긴장근/대퇴근막장근 Rectus femoris 넙다리곧은근/대퇴직근 Sartorius 넙다리빗근/봉공근
		Extension 폄/신전	신장성	Gluteus maximus 큰볼기근/대둔근 Hamstring 뒤넙다리근/슬괵근 Adductor magnus 큰모음근/대내전근
	Knee joint 무릎관절 /슬관절	Flexion 굽힘/굴곡	단축성	Hamstring 뒤넙다리근/슬괵근 Sartorius 넙다리빗근/봉공근 Gracilis 두덩정강근/박근 Gastrocnemius 장딴지근/비복근 Plantaris 장딴지빗근/족척근 Popliteus 오금근/슬와근
		Extension 폄/신전	신장성	Vastus lateralis 바깥넓은근/외측광근 Vastus intermedius 중간넓은근/중간광근 Vastus medialis 안쪽넓은근/내측광근 Rectus femoris 넙다리곧은근/대퇴직근 Tensor fascia latae 넙다리근막긴장근/대퇴근막장근
	Ankle joint 발목관절 /족관절	Dorsi fexion 발등굽힘 /배측굴곡	신장성	Tibialis anterior 앞정강근/전경골근 Extensor digitorum longus 긴발가락폄근/장지신근 Peroneus tertius 셋째종아리근/제3비골근 Extensor hallucis longus 긴엄지발가락폄근/장모지신근
		Plantar flexion 발바닥굽힘 /저측굴곡	단축성	Soleus 가자미근/비장근 Gastrocnemius 장딴지근/비복근 Plantaris 장딴지빗근/족척근 Peroneus longus 긴종아리근/장비골근 Peroneus brevis 짧은종아리근/단비골근 Tibialis posterior 뒤정강근/후경골근 Flexor digitorum longus 긴발가락굽힘근/장지굴근 Flexor hallucis longus 긴엄지발가락굽힘근/장모지굴근

※ 범서기 뒤쪽다리 동작의 해부학적 관절 작용과 관련 근육은 다음과 같다

	관절	작용	근수축의 종류	근육
뒤쪽 다리	Hip joint 엉덩관절/고관절	Flexion 굽힘/굴곡	단축성	Iliopsoas 엉덩허리근/장요근 Pectineus 두덩근/치골근 Adductors 모음근군/내전근군 Tensor fascia latae 넙다리근막긴장근/대퇴근막장근 Rectus femoris 넙다리곧은근/대퇴직근 Sartorius 넙다리빗근/봉공근
		Extension 폄/신전	신장성	Gluteus maximus 큰볼기근/대둔근 Hamstring 뒤넙다리근/슬굴곡근 Adductor magnus 큰모음근/대내전근
		Abduction 벌림/외전	신장성	Gluteus medius 중간볼기근/중둔근 Gluteus minimus 작은볼기근/소둔근 Iliopsoas 엉덩허리근/장요근 Tensor fascia latae 넙다리근막긴장근/대퇴근막장근 Sartorius 넙다리빗근/봉공근
		Adduction 모음/내전	단축성	Pectineus 두덩근/치골근 Adductors 모음근군/내전근군 Gracilis 두덩정강근/박근
	Knee joint 무릎관절/슬관절	Flexion 굽힘/굴곡	단축성	Hamstring 뒤넙다리근/슬굴곡근 Sartorius 넙다리빗근/봉공근 Gracilis 누덩정강근/박근 Gastrocnemius 장딴지근/비복근 Plantaris 장딴지빗근/족척근 Popliteus 오금근/슬와근
		Extension 폄/신전	신장성	Vastus lateralis 바깥넓은근/외측광근 Vastus intermedius 중간넓은근/중간광근 Vastus medialis 안쪽넓은근/내측광근 Rectus femoris 넙다리곧은근/대퇴직근 Tensor fascia latae 넙다리근막긴장근/대퇴근막장근
	Ankle joint 발목관절/족관절	Dorsi flexion 발등굽힘/배측굴곡	단축성	Tibialis anterior 앞정강근/전경골근 Extensor digitorum longus 긴발가락폄근/장지신근 Peroneus tertius 셋째종아리근/제3비골근 Extensor hallucis longus 긴엄지발가락폄근/장모지신근
		Plantar flexion 발바닥굽힘/저측굴곡	신장성	Soleus 가자미근/비장근 Gastrocnemius 장딴지근/비복근 Plantaris 장딴지빗근/족척근 Peroneus longus 긴종아리근/장비골근 Peroneus brevis 짧은종아리근/단비골근 Tibialis posterior 뒤정강근/후경골근 Flexor digitorum longus 긴발가락굽힘근/장지굴근 Flexor hallucis longus 긴엄지발가락굽힘근/장모지굴근

<범서기>

1) 운동 방법

① 준비 자세

② 모아서기에서 오른발을 30° 정도의 각으로 넓혀 서며 왼발을 오른발 끝에서 한발 길이로 내딛는다.

③ 체중을 뒷발에 싣고 뒷발을 내려다 봤을 때 무릎과 발끝이 일직선이 되게 한다. 앞에 있는 왼발의 발목의 펴고 앞축만 가볍게 딛고 무릎을 약간 안으로 튼다.

2) 운동 빈도

사진 ②~③까지 10회 좌, 우 반복 3set

3) 동작 시 유의 사항

- 무릎이 지나치게 열리지 않도록 한다.
- 보폭이 너무 짧거나 길어지지 않도록 한다.
- 상체가 뒤로 젖혀지거나 엉덩이가 뒤로 빠지지 않도록 한다.

6 꼬아서기

　꼬아서기 동작의 주된 작용 다리는 앞쪽 다리이다. 꼬아서기 앞쪽 다리의 관절 작용은 고관절 굴곡, 외회전, 무릎관절 굴곡과 외측회전, 발목관절 배측굴곡, 외측번짐 작용을 한다. 꼬아서기 동작의 앞쪽다리는 CKC운동으로 길항근인 편심성 수축이 우세하다. 때문에 고관절 신전, 내회전, 무릎관절 신전과 내측회전, 발목관절 저측굴곡과 내측번짐 근들이 신장성 수축으로 우세한 근육들이다. Two-joint muscle의 근수축 형태를 보면 고관절 신전근으로 작용한 햄스트링은 고관절 부위에서 신장성으로 무릎관절 부위에서는 단축성을 작용하고 대퇴직근, 대퇴근막장근, 봉공근은 고관절 굴곡작용에서 굴곡 보조의 단축성 작용을 하고 회전작용에 의한 움직임은 대퇴근막장근이 단축성으로 봉공근은 신장성으로 작용하며 서로 상반되는 작용을 한다. 무릎관절에서는 내퇴직근과 내퇴근막장근은 신장성으로 봉공근과 빅근은 단축성으로 작용한다. 또한 족척근은 무릎관절에서는 단축성으로 발목관절에서는 신장성으로 작용하지만 무릎관절의 외측회전으로 비복근 내측은 무릎과 발목 모두에서 신장성으로 작용하고 외측은 반대로 무릎관절은 단축성, 발목관절은 신장성으로 작용한다.

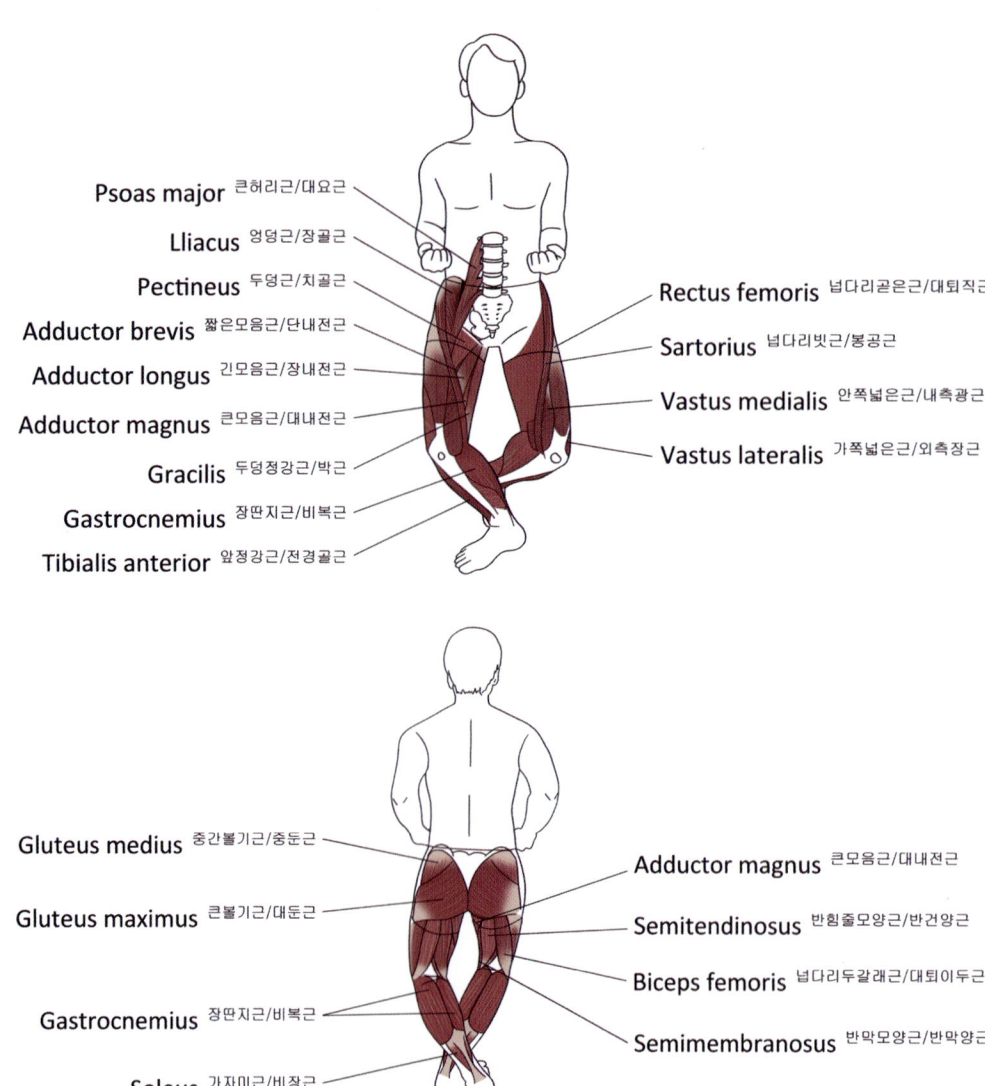

※ 꼬아서기 앞쪽다리 동작의 해부학적 관절 작용과 관련 근육은 다음과 같다

	관절	작용	근수축의 종류	근육
앞쪽다리	Hip joint 엉덩관절/고관절	Flexion 굽힘/굴곡	단축성	Iliopsoas 엉덩허리근/장요근 Pectineus 두덩근/치골근 Adductors 모음근군/내전근군 Tensor fascia latae 넙다리근막긴장근/대퇴근막장근 Rectus femoris 넙다리곧은근/대퇴직근 Sartorius 넙다리빗근/봉공근
		Extension 폄/신전	신장성	Gluteus maximus 큰볼기근/대둔근 Hamstring 뒤넙다리근/슬괵근 Adductor magnus 큰모음근/대내전근
		External rotation 바깥돌림/외회전	단축성	External rotators 바깥돌림근/외회전근 Gluteus maximus 큰볼기근/대둔근 Iliopsoas 엉덩허리근/장요근
		Internal rotation 안쪽돌림/내회전	신장성	Gluteus medius 중간볼기근/중둔근 Gluteus minimus 작은볼기근/소둔근 Tensor fascia latae 넙다리근막긴장근/대퇴근막장근 Pectineus 두덩근/치골근 Adductors 모음근군/내전근군
	Knee joint 무릎관절/슬관절	Flexion 굽힘/굴곡	단축성	Hamstring 뒤넙다리근/슬괵근 Sartorius 넙다리빗근/봉공근 Gracilis 두덩정강근/박근 Gastrocnemius 장딴지근/비복근 Plantaris 장딴지빗근/족척근 Popliteus 오금근/슬와근
		Extension 폄/신전	신장성	Vastus lateralis 바깥넓은근/외측광근 Vastus intermedius 중간넓은근/중간광근 Vastus medialis 안쪽넓은근/내측광근 Rectus femoris 넙다리곧은근/대퇴직근 Tensor fascia latae 넙다리근막긴장근/대퇴근막장근
		Tibia lateral rotation 정강이뼈가쪽돌림/경골외측회전	단축성	Biceps femoris 넙다리두갈래근/대퇴이두근
		Tibia medial rotation 정강이뼈안쪽돌림/경골내측회전	신장성	Semitendinosus 반힘줄모양근/반건양근 Semimembranosus 반막모양근/반막양근 Popliteus 오금근/슬와근 Gracilis 두덩정강근/박근 Sartorius 넙다리빗근/봉공근
	Ankle joint 발목관절/족관절	Dorsi flexion 발목굽힘/배측굴곡	단축성	Tibialis anterior 앞정강근/전경골근 Extensor digitorum longus 긴발가락폄근/장지신근 Peroneus tertius 셋째종아리근/제3비골근 Extensor hallucis longus 긴엄지발가락폄근/장모지신근
		Plantar flexion 발바닥굽힘/저측굴곡	신장성	Soleus 가자미근/비장근 Gastrocnemius 장딴지근/비복근 Plantaris 장딴지빗근/족척근 Peroneus longus 긴종아리근/장비골근 Peroneus brevis 짧은종아리근/단비골근 Tibialis posterior 뒤정강근/후경골근 Flexor digitorum longus 긴발가락굽힘근/장지굴근 Flexor hallucis longus 긴엄지발가락굽힘근/장모지굴근

※ **꼬아서기 뒤쪽다리 동작의 해부학적 관절 작용과 관련 근육은 다음과 같다**

	관절	작용	근수축의 종류	근육
뒤쪽 다리	Knee joint 무릎관절/슬관절	Flexion 굽힘/굴곡	단축성	Hamstring 뒤넙다리근/슬괵근 Sartorius 넙다리빗근/봉공근 Gracilis 두덩정강근/박근 Gastrocnemius 장딴지근/비복근 Plantaris 장딴지빗근/족척근 Popliteus 오금근/슬와근
		Extension 폄/신전	신장성	Gluteus maximus 큰볼기근/대둔근 Hamstring 뒤넙다리근/슬괵근 Adductor magnus 큰모음근/대내전근
		Tibia lateral rotation 정강이뼈가쪽돌림/경골외측회전	단축성	Biceps femoris 넙다리두갈래근/대퇴이두근
		Tibia medial rotation 정강이뼈안쪽돌림/경골내측회전	신장성	Semitendinosus 반힘줄모양근/반건양근 Semimembranosus 반막모양근/반막양근 Popliteus 오금근/슬와근 Gracilis 두덩정강근/박근 Sartorius 넙다리빗근/봉공근
	Ankle joint 발목관절/족관절	Dorsi flexion 발목굽힘/배측굴곡	단축성	Tibialis anterior 앞정강근/전경골근 Extensor digitorum longus 긴발가락폄근/장지신근 Peroneus tertius 셋째종아리근/제3비골근 Extensor hallucis longus 긴엄지발가락폄근/장모지신근
		Plantar flexion 발바닥굽힘/저측굴곡	신장성	Soleus 가자미근/비장근 Gastrocnemius 장딴지근/비복근 Plantaris 장딴지빗근/족척근 Peroneus longus 긴종아리근/장비골근 Peroneus brevis 짧은종아리근/단비골근 Tibialis posterior 뒤정강근/후경골근 Flexor digitorum longus 긴발가락굽힘근/장지굴근 Flexor hallucis longus 긴엄지발가락굽힘근/장모지굴근

<꼬아서기>

1) 운동 방법

① 준비 자세

② 지지되는 발의 발등을 넘어 새끼발가락 옆에(주먹 하나 정도) 앞축을 딛는다.

③ 앞발은 정면에서 45° 각을 이루며, 뒷발의 정강이가 앞발의 장딴지에 붙인다.

2) 운동 빈도

사진 ②~③까지 10회 좌, 우 반복 3set

3) 동작 시 유의사항

- 무릎을 펴지 않도록 하며, 무릎과 오금이 닿지 않도록 한다.
- 지지되는 발의 뒤꿈치와 딛는 발 앞축 사이의 간격이 주먹 하나 간격보다 넓지 않게 하도록 주의한다.

7 주춤서기

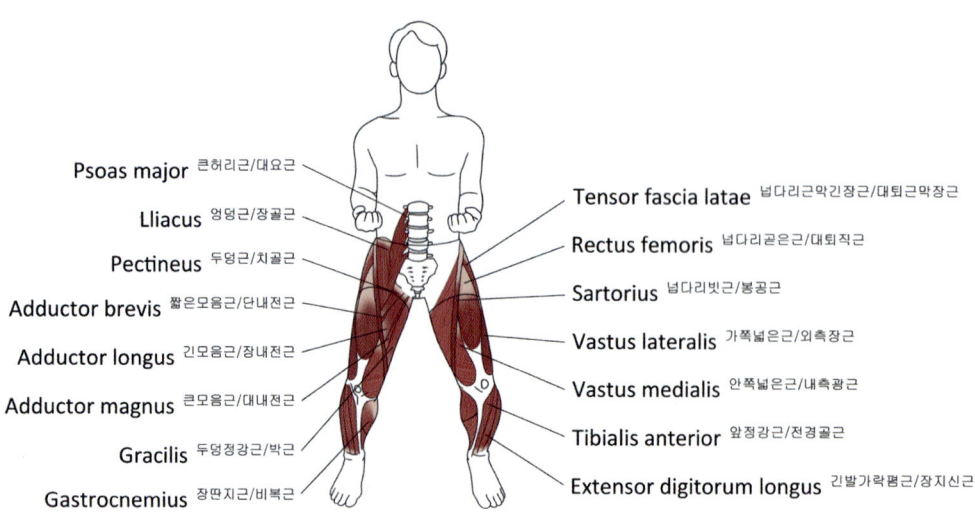

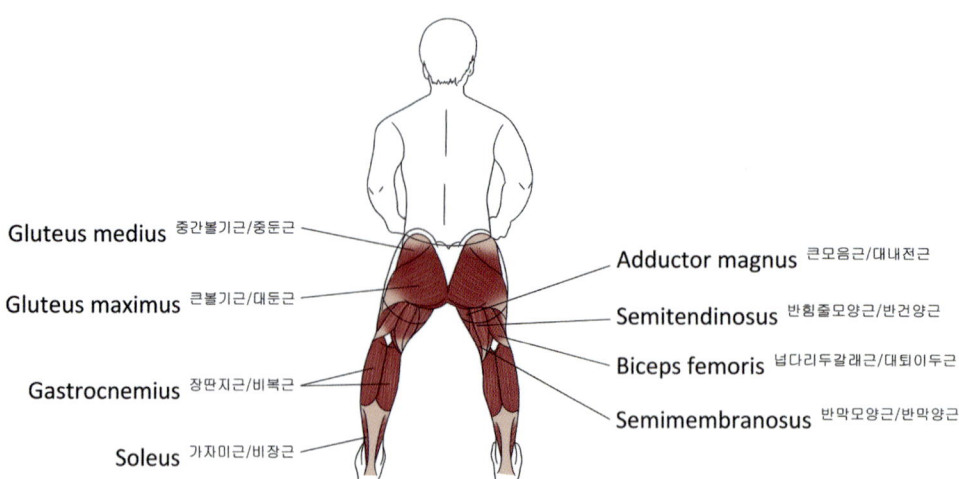

주춤서기 동작은 고관절 굴곡과 외전, 무릎관절은 굴곡, 내측회전, 발목관절은 배측 굴곡을 한다. 주춤서기 동작은 CKC운동으로 길항근인 편심성 수축이 우세하기 때문에 고관절 신전근과 내전근, 무릎의 신전근, 외측 회전근, 발목관절의 저측 굴곡근이 신장성 수축으로 우세한 근육이다. Two- joint muscle의 근수축 형태를 보면 고관절 신전근으로 작용한 햄스트링의 고관절 부위에서는 신장성으로, 무릎관절에서는 단축성으로 작용하고 대퇴직근, 대퇴근막장근, 봉공근의 고관절 부위에서는 단축성으로 작용한다. 무릎관절에서는 대퇴직근과 대퇴근막장근이 신장성으로, 봉공근은 단축성으로 작용한다. 박근은 고관절 부위에서는 신장성으로 무릎관절에서는 단축성으로 작용한다. 또한 무릎관절에서 단축성으로 작용하는 비복근과 족척근은 발목관절에서는 신장성으로 작용한다.

※ 주춤서기 양쪽다리 동작의 해부학적 관절 작용과 관련 근육은 다음과 같다

	관절	작용	근수축의 종류	근육
양쪽 다리	Hip joint 엉덩관절 /고관절	Flexion 굽힘/굴곡	단축성	Iliopsoas 엉덩허리근/장요근 Pectineus 두덩근/치골근 Adductors 모음근군/내전근군 Tensor fascia latae 넙다리근막긴장근/대퇴근막장근 Rectus femoris 넙다리곧은근/대퇴직근 Sartorius 넙다리빗근/봉공근
		Extension 폄/신전	신장성	Gluteus maximus 큰볼기근/대둔근 Hamstring 뒤넙다리근/슬괵근 Adductor magnus 큰모음근/대내전근
		Abduction 벌림/외전	단축성	Gluteus medius 중간볼기근/중둔근 Gluteus minimus 작은볼기근/소둔근 Iliopsoas 엉덩허리근/장요근 Tensor fascia latae 넙다리근막긴장근/대퇴근막장근 Sartorius 넙다리빗근/봉공근
		Adduction 모음/내전	신장성	Pectineus 두덩근/치골근 Adductors 모음근군/내전근군 Gracilis 두덩정강근/박근
	Knee joint 무릎관절 /슬관절	Flexion 굽힘/굴곡	단축성	Hamstring 뒤넙다리근/햄스트링 Sartorius 넙다리빗근/봉공근 Gracilis 두덩정강근/박근 Gastrocnemius 장딴지근/비복근 Plantaris 장딴지빗근/족척근 Popliteus 오금근/슬와근
		Extension 폄/신전	신장성	Vastus lateralis 바깥넓은근/외측광근 Vastus intermedius 중간넓은근/중간광근 Vastus medialis 안쪽넓은근/내측광근 Rectus femoris 넙다리곧은근/대퇴직근 Tensor fascia latae 넙다리근막긴장근/대퇴근막장근
		Tibia lateral rotation 정강이뼈가족돌림/경골외측회전	신장성	Biceps femoris 넙다리두갈래근/대퇴이두근
		Tibia medial rotation 정강이뼈안쪽돌림/경골내측회전	단축성	Semitendinosus 반힘줄모양근/반건양근 Semimembranosus 반막모양근/반막양근 Popliteus 오금근/슬와근 Gracilis 두덩정강근/박근 Sartorius 넙다리빗근/봉공근
	Ankle joint 발목관절 /족관절	Dorsi flexion 발등굽힘/배측굴곡	단축성	Tibialis anterior 앞정강근/전경골근 Extensor digitorum longus 긴발가락폄근/장지신근 Peroneus tertius 셋째종아리근/제3비골근 Extensor hallucis longus 긴엄지발가락폄근/장모지신근
		Plantar flexion 발바닥굽힘/저측굴곡	신장성	Soleus 가자미근/비장근 Gastrocnemius 장딴지근/비복근 Plantaris 장딴지빗근/족척근 Peroneus longus 긴종아리근/장비골근 Peroneus brevis 짧은종아리근/단비골근 Tibialis posterior 뒤정강근/후경골근 Flexor digitorum longus 긴발가락굽힘근/장지굴근 Flexor hallucis longus 긴엄지발가락굽힘근/장모지굴근

<주춤서기>

1) 운동 방법

① 준비 자세

② 발과 발의 너비는 두 발 길이 정도로 선다. 이 때 발의 바깥쪽(발등)이 서로 나란히 되게 한다. 몸통은 반듯하게 하고 두 무릎을 굽히는데, 서서 아래를 내려다 봤을 때 무릎과 발끝이 일치되도록 한다.

2) 운동 빈도

사진 ①~②까지 10회 3set

3) 동작 시 유의사항

- 무릎이나 발끝이 열리거나 닫히지 않도록 한다.
- 엉덩이가 뒤로 빠지지 않도록 한다.
- 상체가 앞으로 쏠리지 않도록 한다.

IV. 골반과 하지 | **197**

<근육의 역할과 태권도 서기 동작 수련의 효과>

　인체의 근육은 면역력과 체온의 유지, 대사량의 증가, 내장과 관절의 보호, 심혈관 건강개선과 뇌 건강에 이르기까지 매우 중요한 역할들을 한다. 하체 근육들은 달리거나, 뛰거나, 걷는 등 인간의 모든 활동을 하는데 관여되고 하체가 약할 경우 인간의 동작은 불완전할 수 밖에 없고 그에따라 운동의 효율이 떨어지며 부상의 위험도 높아질 것이다. 하체 부위인 엉덩이와 허벅지에는 전체 근육의 2/3 이상의 집중되어 있어 허리, 무릎의 안정성을 도모할 뿐만 아니라 상체와 하체의 연결이나 원활한 혈액순환 등 신체균형과 온몸의 기능유지에 매우 중요한 역할을 한다. 하체의 균형 있는 발달을 위해 인체의 모든 축이 골고루 사용되는 균형 있는 움직임이 필요하다. 그러나 일상생활 속에서 움직임을 주로 한 개의 축에 의한 움직임인 굽히고 펴는 운동을 주로 이룬다. 피트니스 현장에서도 역시 고립된 운동이 주가 되는 한 개의 축에 의한 움직임이 주를 이룬다. 즉 일상생활 속이나 피트니스 현장 모두에서 한 개의 축에 의한 움직임을 하고 트레이닝 하기 때문에 굽히고 펴는 근육들만 많이 사용되고, 돌리거나 벌리고 모으는 형태의 운동은 상대적으로 적게 사용되어 하체의 균형 있는 발달을 하기 어렵다. 태권도 하지 서기 동작들은 서기 동작마다 움직임의 차이는 있지만 굽히고, 펴고, 벌리고, 모으고, 좌로 돌리고, 우로 돌리는 등 3차원 적인 다축성의 움직임을 한다. 태권도 서기 동작으로 하지의 균형 있는 근력을 향상시키면 면역력의 증대와 체온유지, 대사량의 증가, 내장과 관절보호, 뇌건강과 심혈관 건강개선 등의 효과와 더불어 하지의 불균형으로 생긴 군살들이 제거되어 다이어트 효과와 함께 다리의 각선미를 더해주고 수술 후 약화된 하지 근력 재활의 중요한 운동 프로그램이 되며 노인들의 약화된 하지 근력을 안전하고 균형 있게 강화할 수 있는 프로그램으로 매우 적합하다.

[참고문헌]

강익필, 송남정(2007). 태권도 공인 품새 해설. 상아 기획.
국기원(2006). 국기태권도 교본. 오성 출판사.
국기원(2010). 태권도 기술 용어집. 국기원 연구소.
국기원(2022). www.kukkiwon.co.kr
권순복, 이현옥(2005). 십자인대 재건술 후 닫힌 사슬운동과 열린 사슬운동의 효과. 대한물리치료학회지. 17(3):297-310.
권유정, 박수진, & 김경(2012). 열린 사슬운동과 닫힌 사슬 운동이 정상성인의 하지근활성도에 미치는 영향. 대한물리의학회지, 7(2), 173-182.
권유정, 배성수, 박수진(2009). 열린 사슬 운동과 닫힌 사슬 운동이 정적균형 능력에 미치는 영향. 대한물리의학회지, 4(1); 23-30.
김연주(2007). 닫힌 사슬운동이 전십자인대 재건술 환자의 슬관절 안정성에 미치는 영향. 석사학위논문. 대구대학교 재활과학대학원.
김창규(2000). 바른자세가 보약이다. 해냄 출판사.
노민희, 용준환, 이용덕(2002). 인체해부학. 정담.
대한태권도협회(2022). http://www.korcatackwondo.co.kr
박희수, 정희원(1999). 근육임상학. 일중사.
변성학(2012). 태권도 기본동작을 적용한 자세교정 프로그램 개발. 부산외국어대학교 대학원, 박사학위논문.
변성학(2017). 처음 시작하는 근·골격 해부학. 더 바름.
서정민(2018). 태권도 범서기 자세가 하지길이 교정에 미치는 영향. 부산외국어대학교 산업·경영대학원, 석사학위논문.
심준우(2018). 태권도 앞굽이 자세가 하지길이 교정에 미치는 영향. 부산외국어대학교 산업·경영대학원, 석사학위논문.
유지선(2012). 한국 무용수의 대퇴 근육 특성과 근수축 유형에 따른 슬관절의 근기능 비교. 세종대학교 대학원, 석사학위논문
윤숙향(2008). Pilates 운동프로그램을 통한 신체의 자세와 발란스에 관한 연구. 미간행 이학박사학위 논문. 명지대학교 대학원.
장재원(2003). 개방역학운동과 폐쇄역학운동 시 대퇴사두근의 근활성도 변화. 석사학위논문. 고려대학교 의용과학대학원.
정진우(2009). 그림으로 보는 골격해부학. 대학서림.
정희원(1999). M.P.S.와 trigger point. 일중사.

정희원(1999). M.P.S.와 운동치료. 일중사.

천승욱(2018). 탄력밴드 운동프로그램이 중학생의 경추 교정에 미치는 영향. 부산외국어대학교 산업·경영대학원, 석사학위논문

Link, Norman(2013). 무술 아나토미. 서울: 푸른솔.

Kaminoff, Leslie(2011). 요가 아나토미. 서울: 푸른솔.

Haas, Jacqui Greene(2011). 댄스 아나토미. 서울: 푸른솔.

Isacowitz, Rael(2012). 필라테스 아나토미. 서울: 푸른솔.

Lawrence. G. A., & Scott. G. M.(2003). Fitness Professionals' Guide to Musculoskeletal Anatomy and Human Movement, Healthy Learning.

Kendall, F. P., McCreary, E. K. & Provance, P. G.(2001). Muscles Testing and Function with Posture and Pain, 4th ed. Philadelphia: Lippincott Williams & Wilkins.

Myers, T. W.(2009). Anatomy Trains, 2nd Ed. Elsevier Limited.

Suziki Seikyo(2005). Outline of Chiropractic, Taniguchi Shoten, Tokyo.

Prince WE(1999). Rehabilitation technique in sports medicine. 3rd ed. USA. McGraw-Hill.

Iwasaki, T., Shiba, N., Matsuse, H., Nago, T., Umezu, Y., Tagawa, Y., ... & Basford, J. R.(2006). Improvement in knee extension strength through training by means of combined electrical stimulation and voluntary muscle contraction. The Tohoku journal of experimental medicine, 209(1), 33-40.

Scott, M., Lephart, Timothy, J., & Henry. (1996). The physiological basis for open and closed kinetic chain rehabilitation for the upper extremity. J Sport Rehabilitation, 5, 71-87.

Magee, David J.(2008). Orthopedic physical assessment. Pennsylvania: Saunders Elsevier.

Rezaeimanesh, D. & Farsani, P. A. (2011). The effect of a 6 week isotonic training period on lower body muscle EMG changes in volleyball players. Procedia-Social and Behavioral Sciences, 30, 2129-2133.

Hettinger, T and Muller, E.A(1953). Muskelleistung and unskeltraining.Arbeitsphysiologie 15:111.

Kisner, C., & Colby, L. A. (1996). Therapeutic exercise. foundations and techniques, phildelphia: F. A Davis. 61-108, 109-112.

Hislop, J. H., & Perrine, J. J. (1967). The isokinetic concept of exercise. Phys Therapy, 47, 114-117.